モチベーションをキープして合格を勝ち取る！

「社労士試験」勉強法

牧 伸英

Nobuhide Maki

同文舘出版

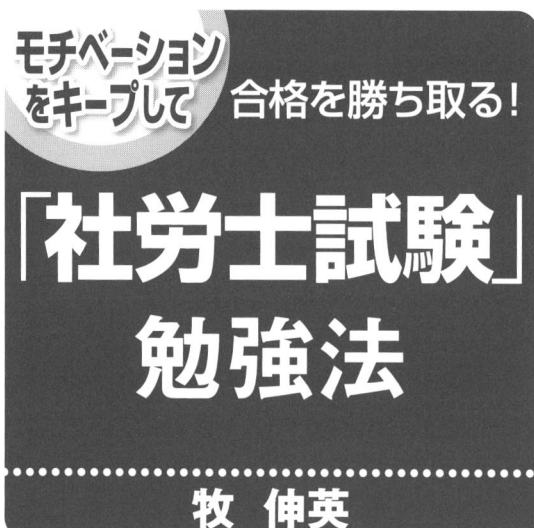

はじめに

独立系の国家資格の中で人気を博している社会保険労務士。本書をご覧の皆さんであれば、ぜひ手に入れたい資格なのではないでしょうか。ここ最近では、資格試験の受験申込者数が６万人以上、実際の受験者数でも５万人以上と、多くの方々が社会保険労務士にチャレンジされています。

そして、合格者数はというと、３０００人～５０００人程度の範囲で推移しており（次ページグラフ参照）、数ある国家資格の中でも、一般に難関資格と位置付けられています。合格率がほぼ一桁ということを考えると、それも理解できます。それにもかかわらず、社会保険労務士の人気は落ちません。

いったいどこに社会保険労務士の魅力があるのでしょうか。

ご存じの方もいるかもしれませんが、現在、社会保険労務士の業界団体である全国社会保険労務士会連合会では、「第８次社会保険労務士法改正」を目指し、法改正への働きかけを進めているところです。

社会保険労務士としての専門的知見が発揮できる「ＡＤＲ」※について、民間型ＡＤＲで

受験申込者数・受験者数・合格者数の推移

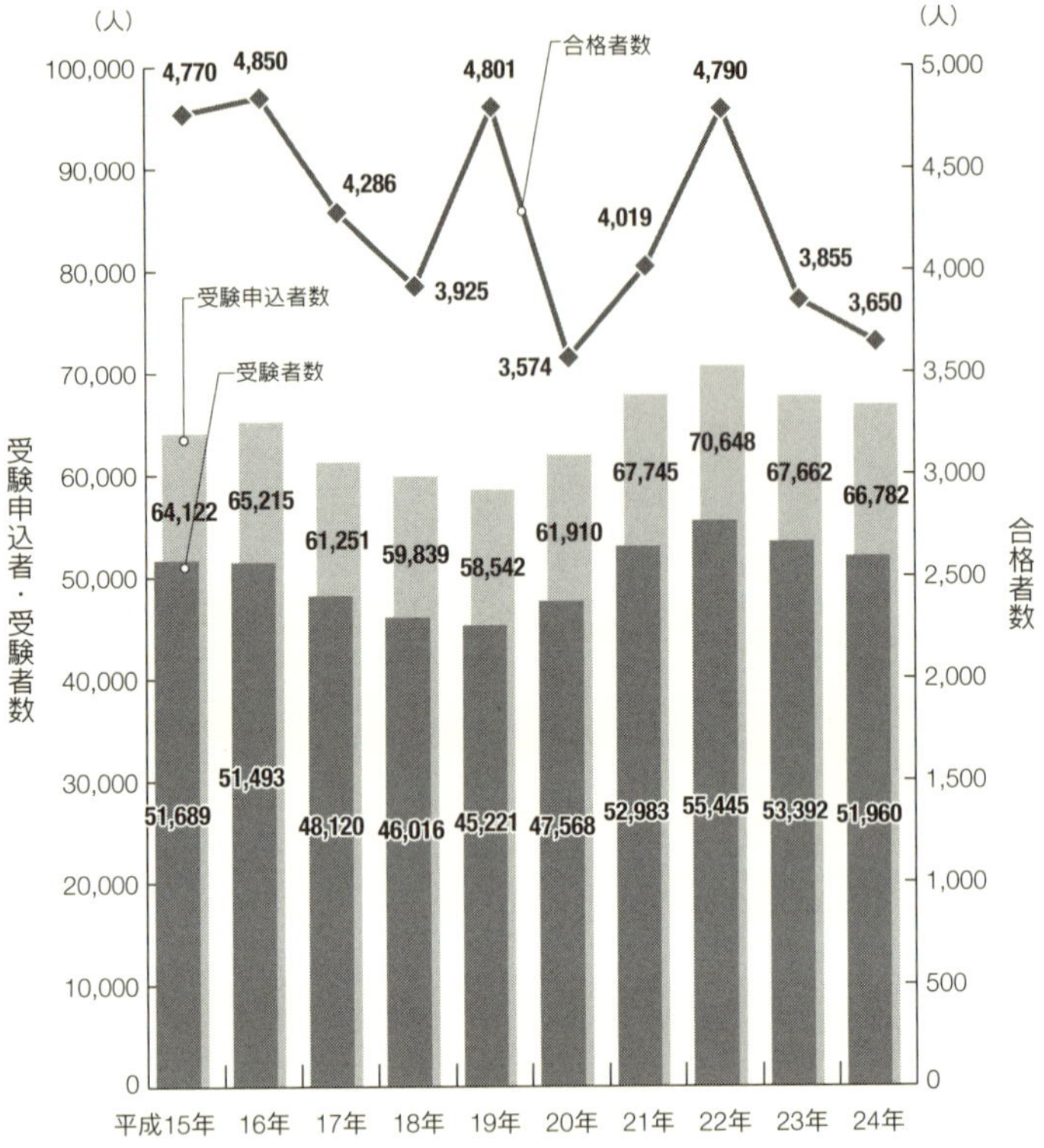

社会保険労務士試験　オフィシャルサイトより

ある「社労士会労働紛争解決センター」における紛争の目的価額60万円の制限撤廃、司法型ADRである簡易裁判所における個別労働関係紛争にかかる民事調停の代理権及び裁判所における出廷陳述権の獲得に向けて取り組んでいます。

※「裁判外紛争解決手続」のこと。裁判によらない解決手段として、経営者・労働者など当事者双方の話し合いに基づき、あっせんや調停、あるいは仲裁などの手続きによって紛争の解決を図ろうとするものです。

このように労働分野に関して、今後ますます社会保険労務士の職域が拡大する可能性を秘めています。つまり、伸び代がある成長業界といえます。このことも社会保険労務士人気に拍車をかけているのでしょう。

皆さんがこの人気資格にチャレンジされて、次回の本試験で合格するためにも、本書をフル活用してもらえるなら、著者としてこれほどうれしいことはありません。

モチベーションをキープして合格を勝ち取る！
「社労士試験」勉強法

目次

2章 スタートダッシュが肝！ 勉強前期の勝利の布石

3章 確実に理解を深める勉強中期

4章 モチベーションキープが決め手！ 勉強後期の合格メソッド

5章 合格後をイメージしてモチベーションをキープ！

おわりに

カバーデザイン　齋藤　稔（G-RAM）
本文デザイン・DTP　マーリンクレイン

序章

合格するための正しい勉強法

1 必殺技の勉強法などない

一発合格できた私の場合

平成14年11月15日。

その日は、私にとって決して忘れることのできない日となりました。第34回（平成14年度）社会保険労務士（以下、社労士）試験の合格発表日。勉強期間約9ヶ月、勉強時間にして約700時間。私は社労士試験に一発合格することができたのです。

合格証書が配達記録郵便で送られてきた時は、本当にうれしくて、うれしくて。合格したあの日の感動を今でも鮮明に覚えていますし、本試験での成績（結果）通知書をいまだに大事に残しているくらいです。

今、本書を手にしている皆さんは、社労士試験を受験しようと思っている方や少なくとも、社労士試験に関心・興味のある方だと思います。

社労士試験は、一般には難関国家試験のひとつに数えられます。もしかすると、社労士試験に対して、「合格することは至難の業」というイメージを抱いている読者の方もいるかもしれません。

しかし、そのイメージは間違いです。合格率はほぼ毎年1桁台ですから、普通に考えると確かに合格は簡単なことではないのかもしれません。ただ、本書で紹介している勉強法を理解し、真摯に実践すれば合格はそれほど難しいものではありません。

本書で紹介している勉強法は、**机上の空論ではなく、当時受験生だった私が自ら気付き、実践したノウハウ**です。私自身、すごく頭がよかったわけではありません。勉強の要領が特別よかったわけでもありません。ましてや勉強に費やした時間が多かったわけでもありません。

逆に合格者の中では、おそらく勉強時間は少ないほうだと思います。一般に約1000時間というラインが合格するために必要な勉強時間の目安といわれている中、約700時間で一発合格することができたわけですから。

とはいえ、私がスゴイから合格できたわけではないのです。ただ単純に合格するためのノウハウに気付き、実践したからに他なりません。

参考までに、次ページに専門学校で受けた模擬試験と本試験での私の成績を掲載します。

著者の模擬試験・本試験成績表

LEC 模擬試験

択一式試験

科目	総合	労働基準	労災保険	雇用保険	一般常識	健康保険	厚生年金	国民年金
平均点	38.9	6.5	4.6	5.8	5.3	6.2	5.6	4.9
得点	63	10	9	9	9	9	8	9

選択式試験

科目	総合	労働基準	労災保険	雇用保険	労働一般	社会一般	健康保険	厚生年金	国民年金
平均点	29.0	3.7	2.9	4.3	3.3	3.9	2.6	4.0	4.0
正答数	37	5	4	5	5	4	4	5	5

択一式　63 点（受験者平均 38.9 点）　4384 名中 84 位
選択式　37 点（受験者平均 29.0 点）　4390 名中 383 位

TAC 模擬試験

択一式試験

科目	労務・安衛	労災・徴収	雇用・徴収	一般常識	健保	厚年	国年	合計
平均点	6.3	6.1	6.4	5.2	5.3	4.7	5.5	39.5
得点	9	9	9	7	10	7	9	60

選択式試験

科目	労務・安衛	労災	雇用	労一	社一	健保	厚年	国年	総得点	平均点
点数	5	4	4	5	5	5	5	5	38	27.9

択一式　60 点（受験者平均 39.5 点）　　選択式　38 点（受験者平均 27.9 点）
2420 名中 42 位

本試験

合否区分	合格

試験科目	労働基準法及び労働安全衛生法	労働者災害補償保険法（労働保険の保険料の徴収等に関する法律を含む）	雇用保険法（労働保険の保険料の徴収等に関する法律を含む）	労務管理その他の労働及び社会保険に関する一般常識 労務管理その他の労働に関する一般常識	労務管理その他の労働及び社会保険に関する一般常識 社会保険に関する一般常識	健康保険法	厚生年金保険法	国民年金法	総得点
選択式	4	5	5	4	5	5	5	4	37
択一式	4	10	7	8		9	8	10	56

選択式 37点　　択一式 56点

いかがですか？　自分でいうのも恐縮ですが、模擬試験ではかなり上位グループに属していました。推測ですが、本試験でも上位で合格していたと思います。このような成績を獲得するに至った勉強法を本書では詳しく紹介しています。

ところで、受験生や同僚の社労士から、「短期間・短時間の勉強で、よく合格できましたよね。しかも、一発で！　何か必殺技のような勉強法でもあったのですか？」と、質問されることがあります。

社労士試験の場合、一般的に2回目、3回目の受験は当たり前。中には5回目、6回目の受験でようやく合格できたという方々もいる中、ありがたいことに私は短期間・短時間の学習で、しかも1回目の受験で合格することができました。では、必殺技のような勉強法があったのでしょうか？

私の答えは「ノー」です。

必殺技のような勉強法などこの世にあるはずもなく、仮にそのような勉強法があったとしても、それは「必殺技」のようなものですから、いわゆる一般の受験生向きではなく、ごく一部の特殊な受験生にしか通用しない勉強法なのです。

他の国家試験まではわかりませんが、こと**社労士試験でいえば、合格するためには必殺技は必要ありません。合格に必要なのは工夫。**しかも、少しの工夫でいいのです。本書を読み進めていただければ、合格に必要な要素であるその少しの工夫について学んでもらえる構成になっています。

2 モチベーションが合否を左右する

受験勉強の開始時期は、受験生それぞれで異なりますが、約1年ほど続く受験勉強を乗り切っていくためには、ほんの少しの工夫が必要です。少しの工夫でもっと受験勉強が楽しくなり、もっともっと合格に近づくのです。

では一体、どのような工夫が必要なのでしょうか？　どのような工夫をすれば、受験勉強が楽しくなり、合格に近づいていくのでしょうか？

そのキーワードは……、ズバリ、モチベーションです。

モチベーションをキープするための工夫をするのです。モチベーションをキープ、つまりコントロールできれば、このような循環が起こります。

モチベーションをキープ ➡ 受験勉強が楽しいと感じる ➡ 積極的に勉強するようになる ➡ 前向きに勉強することで、集中力が上がり学習効率も上がる ➡ 知識・実

モチベーションキープで好循環をつくろう

さらにモチベーションアップ
▲
合格への自信につながる
▲
レベルアップしている実感を持てる
▲
学習効率が上がる
▲
積極的に勉強する
▲
受験勉強が楽しい
▲
START! モチベーションをキープすると

START! モチベーションがキープできないと

▼
受験勉強が苦しい
▼
消極的にしか勉強しない

学習効率が下がる
▼
レベルアップしている実感を持てない
▼
合格への不信につながる
▼
さらにモチベーションダウン

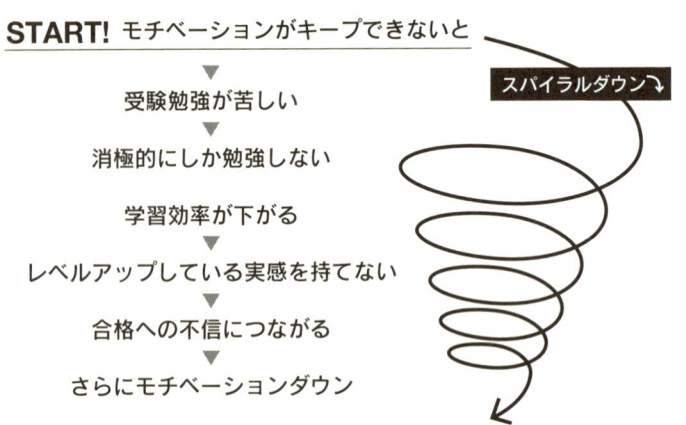

力がレベルアップしている実感を持てる ⬇ 合格への自信につながる ⬇ さらにモチベーションがアップ！　という好循環です。まさにスパイラルアップのイメージです。

一方、モチベーションがキープできないと、受験勉強が苦しいと感じる ⬇ 消極的にしか勉強しない ⬇ 後ろ向きにしか勉強しないので、集中力も下がり学習効率も下がる ⬇ 知識・実力がレベルアップしている実感を持てない ⬇ 合格への不信につながる ⬇ さらにモチベーションがダウンする……と、このような悪循環な関係に陥ります。まさにスパイラルダウンのイメージです。

やらされる勉強ではなく、やりたいと思える勉強へ。モチベーションをキープすることで、そう思えてくるわけです。これは受験勉強以外でもそうでしょうが、「やらされ感満載」、これは本当につらくてしんどいことですよね。いやいややらされているわけで、本当はそれをやりたいとは望んでいないわけですから。

受験勉強することへのモチベーションがキープできなければ、本当につらくてしんどい社労士受験を経験することになるでしょう。あなたは、そのような受験勉強を望んでいますか？

社労士を目指す中で、どのみち受験勉強をするのであれば、つらくてしんどい勉強よりも、できれば楽しくハッピーに感じられる勉強をしたくはないですか？

そのすべてがモチベーションのキープにかかっているのです。

モチベーションとは、いうなれば動機付けのことで、社労士の受験勉強をしていくうえでのやる気のことです。そして、本書でいう「モチベーションをキープする」ことは、**受験勉強へのやる気をコントロールすることであり、常に最高のやる気を維持することに他なりません。**

社労士試験の受験経験者はおわかりかと思いますが、約1年近く続く受験勉強の間には、それなりに勉強しているものの、時として自分の思うように知識が定着しなかったり、答案練習や模擬試験などで成績が伸びずに悩んだり、スランプに陥ったりすることもあるでしょう。これはどのような受験生であっても、起こり得ることです。私自身も、大なり小なり経験しました。

悩んだりスランプに陥ったりすることが、悪いわけではありません。逆にそのような悩みやスランプといったものが、受験勉強において飛躍につながるきっかけとなることもあるくらいです。

大切なことは、そのような**悩みやスランプに押し潰されないこと**です。モチベーションがキープされて、やる気がトップギアにポジショニングされていれば、悩みやスランプといった、一見すると敬遠したくなることも、成長につながる糧としてしっかりと心に収まり、我がものとしてコントロールすることができるでしょう。

スパイラルアップのイメージ図（18ページ）をもう一度ご覧ください。モチベーションがキーワードだということが、わかってもらえると思います。社労士試験、合格のキーワードは「モチベーションをキープする」ことなのです。**モチベーションが合格を左右する！**

これは経験則から見出した真実です。

社労士は素晴らしい職業

ここで、自己紹介をさせていただきます。私は平成14年に社労士試験に一発合格した後、翌15年9月に琵琶湖で有名な滋賀県の大津市で開業しました。その後、平成20年10月にはコンサルティング会社を設立することもできました。小さな事務所ながらスタッフを雇用しています。地域活性化に不可欠な雇用拡大にはまだまだ大きな貢献はできていませんが、その第一歩は踏み出せたのではないかと実感しています。

現在、社労士事務所では、いわゆる1号、2号業務といわれる社会・労働保険関係の諸手続きなどはもちろん、顧問先の従業員の給料や賞与の計算代行、また3号業務のひとつである経営者と従業員との間の労使トラブル解決のための労務相談対応も行なっています。

コンサルティング会社では、主に人事の適性検査の受託や面接指導、面接官トレーニングといった採用支援を行なったり、リーダーや管理者などへ各種研修を通じた人材育成支援を行なっています。

私の場合、社労士事務所とコンサルティング会社を経営しているわけですが、本当に社労士になってよかったと思っています。平成14年のあの合格がなければ、今の私はありません。社労士の業務範囲は広く、未開拓の業務領域や社労士の専門性を活かした業務もまだまだ眠っているはずです。これらは将来における仕事のタネ（業務）となることでしょう。皆さんの中から社労士試験に合格したあと、開業されてこのような業務に果敢に挑戦される人材が出てくることを期待してやみません。

社労士法の第1条（目的）には、「この法律は（中略）**事業の健全な発達と労働者等の**

福祉の向上に資することを目的とする」と規定されています。まさに社労士の存在意義が示されている条文だと思います。

事業の健全な発達と労働者等の福祉の向上、これら両輪を指導・助言していく職業が社労士であるはずです。社労士は本当に素晴らしい職業なのです。

ともに合格を勝ち取ろう！

今のあなたにとっての目標（ゴール）は、社労士試験の合格ですよね。当時私にも、同じ時期に勉強をはじめた受験仲間たちがいました。私以上にはるかに一所懸命に勉強している仲間もいました。でも、合格できない人がいるのです。なぜか合格できないのです。その年も、翌年も。

合格の翌年、すでに私は開業していましたが、情報を発信し何かを伝えたり、人前で話すことに興味があったので、社労士の受験ノウハウに関するメールマガジンを配信したり、東京や大阪でセミナーを開催していました。受講者の中には、当時の受験仲間もいたのですが、彼女は3度目の本試験で、ついに社労士試験合格を果たしました。この2年間、合格するための正しい勉強法を知らなかっただけなのです。

一方、勉強することに挫折した受験仲間もいました。受験勉強することを諦めたわけです。もしも、あのまま受験勉強を続けていれば、私と同じ平成14年に合格、翌年に開業していたかもしれません。

なぜ諦めてしまったのでしょうか？　私は彼に聞いたことがあります。彼いわく、「受験勉強へのやる気が続かなかった」と。つまり、モチベーションをキープできなかったわけです。

私の身近にいた「合格するための正しい勉強法」を知らなかった受験仲間。モチベーションをキープできなかった受験仲間。実はそのような受験生は、世の中に大勢いるのではないでしょうか。一所懸命勉強しているのになぜか合格できない受験生、モチベーションが上がらずにいやいや勉強している受験生、頑張ってきたのに勉強を諦めようとしている受験生など。そのような受験生のために本書を執筆しました。次の本試験で合格して、早く受験生という立場から卒業して欲しいと本気で願っています。

本書で紹介している勉強法をとにかく実践して、合格を勝ち取りましょう！

1 章

社労士試験勉強法
勝利の方程式

1 勝利の方程式とは？

合格は偶然ではなく必然！

自分も含め、少なくとも私の周りにいる社労士試験合格者の中には、試験に偶然合格したなんて人は、誰一人いません。

「ツイていた！」「ラッキーだった！」「奇跡が起きた！」という理由で受かった人はいないのです。

もちろん、本試験直前に勉強した箇所が運よく出題された、どうしても正答がわからずにエイヤっと記入した箇所がたまたま正解したなど、もしかすると、幸運な点があったかもしれません。でもそれは、表面的なことでしょう。それだけで合格できたわけではありませんし、そもそも偶然や運だけで合格できるものでもありません。このことは受験を経験した人であれば、実感しているはずです。

「合格は偶然ではなく必然」なのです。

では、必然とはどういうことなのでしょうか？

ご存じの通り、必然とは、「必ずそうなること」を意味します。合格は偶然ではなく必然なのですから、ある意味合格した方は、必ず合格するようになっていたというわけです。言い換えると、合格するには相応の原因（理由）があったといえます。

私は結果というものは、原因の積み重ねにより生じるものだと思っています。**合格という結果は、原因（受験勉強）の積み重ね**なのです。あとはその結果につながる原因を分析すればいいわけです。合格という結果につながる原因、つまり、「結果＝原因」という関係を成立させる勝利の方程式とは、一体どのようなものなのでしょうか？　この勝利の方程式を知ることで、あなたはぐんと合格に近づくことでしょう。

勝利の方程式「合格＝品質×時間×目的×習慣」

合格＝品質×時間×目的×習慣。これが「結果＝原因」という関係を成立させる、社労士試験における勝利の方程式だと私は考えています。

社労士試験に合格するためには、品質、時間、目的、習慣の4因子が影響するということです。これら4因子をしっかりとマネジメントすることで合格を勝ち取れるのです。

4因子の中で時間という因子は、勉強時間のことだとイメージできそうなものですが、社労士試験の合格に関わる「品質、目的、習慣ってどういうことなの？」、今あなたはそのように思ったのではないでしょうか。

社労士試験の合格に品質、目的、習慣という因子が一体どのように影響するのか、不思議に思われているかもしれません。あるいは、方程式という言葉に拒絶反応が出て、「何だか難しそうだなあ」と感じているかもしれません。でも心配する必要はありません。

これから、その疑問や不安にお答えします。ただ、その前にひとつだけ私と約束してください。この方程式は社労士試験勉強法のベースとなる考え方ですので、方程式が意味している内容・本質を本気で理解するつもりで続きを読み進めて欲しいのです。どうぞお願いします。約束ですよ！

2 方程式の各因子の意味を理解しよう

まずは、品質、時間、目的、習慣の各因子の意味を説明していきます。

【品質】

品質とは、受験勉強の質を意味しています。この質は、さらに**方向と手法**とに分けることができます。

まず方向とは、**正しい方向で勉強しているか**どうかを意味しています。

例えば過去問題などから、重要な論点や頻出箇所などは比較的容易に把握できます。そのためにも、過去問題の分析は必須になります。

過去問題を分析していくと、意外にもテキストレベルの比較的基本的な問題がちらほら出題されていることを実感されると思います。要は**基本が大事**なのです。**重要な論点や頻出箇所などについて、その基本事項を中心にしっかりと勉強する**、これを実践することが正しい勉強につながります。

一方、**手法とは勉強のやり方**のことで、例えば予習することはやめて、復習することにエネルギーを注ぐなどといった、正しいやり方で勉強しているかどうかを意味しています。なお、正しい方向や手法、その具体的な内容について、詳しくは次章以降で説明していきます。

いずれにしても、正しい方向や手法で勉強すれば、品質という因子は上昇することになります。

【時間】

時間とは、あえていうまでもありませんが、勉強時間のことです。**勉強の量**を意味しています。社労士試験に挑戦してみようと思った時から、はたまた偶然にも本書を手にされた今この瞬間から、本試験当日の試験開始の合図がはじまる時まで、その間の総勉強時間数を意味しています。

日々勉強時間を積み重ね、長時間勉強することで、当然ながらこの因子の効果は上昇することになります。

【目的】

目的とは、**社労士試験受験への目的意識の強さ**を意味しています。例えば、あなたなら次の質問にどの程度明確に答えることができますか。

なぜ、社労士試験にチャレンジしたいのですか？

本当に社労士試験にチャレンジしたいのですか？

そもそも、なぜ社労士になりたいのですか？

社労士になりたいという気持ちの根っこはどこにあるのですか？

社労士になってあなたは何をしたいのですか？

そして、何を成し遂げたいのですか？

社労士という資格・職業に対して**強烈な願望**を持つことで、この因子の効果は上昇することになります。

【習慣】

習慣とは、**勉強が習慣化できている度合い**を意味しています。普通に、当たり前に、毎日継続的に勉強している状態であれば、習慣化できているといえるでしょう。

例えば、習慣化できている意識面・行動面の具体例としては、毎日少しでも勉強することで受験への安心を感じる、勉強しない日があると不安になる、気が付いたらいつも何かしら勉強している、勉強時間を確保するために知恵を絞っている、勉強が日課になっている、勉強しない日はない、などが考えられます。

これら勉強の習慣が身に付くことで、この因子の効果は上昇することになります。

3 方程式の各因子が掛け算になっている意味を理解しよう

勝利の方程式の各因子は足し算ではなく、掛け算

勝利の方程式は、足し算ではなく掛け算です。実は勝利の方程式の本質がここにあります。例えば、兎田さんと亀田さんという二人の受験生がいるとします。それぞれの因子の度合いを見てみましょう。

【短距離型の兎田さんの勉強スタイル】

- 品質：予習は一切しないが、復習はガッツリとやる　⬇　**高い**
- 時間：1週間の勉強時間は28時間　⬇　**高い**
- 目的：資格ブームに流されてとりあえず受験　⬇　**低い**
- 習慣：主に土曜日、日曜日にまとめて勉強する　⬇　**低い**

【長距離型の亀田さんの勉強スタイル】

- 品質：コツコツ予習はするが、復習は一切しない　➡**低い**
- 時間：1週間の勉強時間は7時間　➡**低い**
- 目的：社労士に合格して人事・労務のプロとして独立・開業したい　➡**高い**
- 習慣：短時間ながらほぼ毎日勉強する　➡**高い**

勉強スタイルが異なる二人ですが、方程式の各因子を各々点数化して、仮に次のような数字を当てはめてみましょう（各因子の点数を10点満点と仮定した場合の大まかな点数イメージ）。

兎田さん…品質8点、時間7点、目的0点、習慣3点
亀田さん…品質3点、時間1点、目的7点、習慣7点

仮に、勝利の方程式が足し算で成り立っているとすると……、

兎田さん…8＋7＋0＋3＝18
亀田さん…3＋1＋7＋7＝18

兎田さん、亀田さんともにその合計は18点になり、方程式の点数は同じになります。

一方で、方程式が掛け算であれば……、

兎田さん…８×７×０×３＝０

亀田さん…３×１×７×７＝１４７

先ほどの足し算とは異なり、兎田さんと亀田さんとは、天地の差ほど点数差がついてしまう結果となります。

足し算の場合と掛け算の場合では、その合計結果の意味合いが異なるのです。そのポイントは、0点にあります。ご存じの通り、**掛け算ではゼロにどのような数字を掛けようとも、その結果は必ずゼロになります。**

兎田さんは、資格ブームに流されてとりあえず受験しようと考えているようで、目的因子が0点になっています。足し算の世界では、ゼロであっても他の因子で頑張ることで、挽回することも可能でしょう。

しかし、掛け算の場合にはそうはいきません。４つある因子のうちひとつでも0点になってしまうと、他の因子でいくら頑張って高点数を獲得しても、最終的にその合計はゼロなのです。これはとても大切なポイントですので、もう一度次の2行をご覧いただき、できれば声を出して読んでもらいたいと思います。

勝利の方程式の各因子は足し算ではなく、掛け算になっている！

合格＝品質×時間×目的×習慣！

合格するためには、まずは0点の因子をつくらないことです。0点さえ回避できれば、他の因子で挽回できる可能性が生まれます。

例えば、あなたの勉強時間が他の受験生と比べて少なかったとしても、品質や目的、そして習慣の因子を上昇させれば、合格にぐんぐん近づくということです。

もうお気付きかもしれませんが、合格を勝ち取るためにはこの方程式の各因子を上手にコントロールすればいいのです。

4 ボトルネックは勉強時間の創出

ボトルネックは時間だった！

そもそもボトルネックを直訳すると、「瓶の首」を意味します。例えば瓶の中に多くの水が入っていたとしても、仮に瓶の首、つまり注ぎ口が小さければ、効率よく水を注ぐことができないように、非効率になっているポイントを指し、経営用語では一番大きな問題原因箇所をボトルネックと呼んだりもします。

私の場合、試験勉強のボトルネックは「時間」でした。受験生当時はコンサルタントとＦＰ（ファイナンシャル・プランナー）としてすでに独立していたため、日中はなかなか勉強することはできませんでした。

例えば、学生など受験勉強に専念できる環境であれば、極端な話、１日中勉強することも可能かもしれませんが、サラリーマン・自営業に関係なく、働いているとそのようにはいきません。

合格者の職業別割合

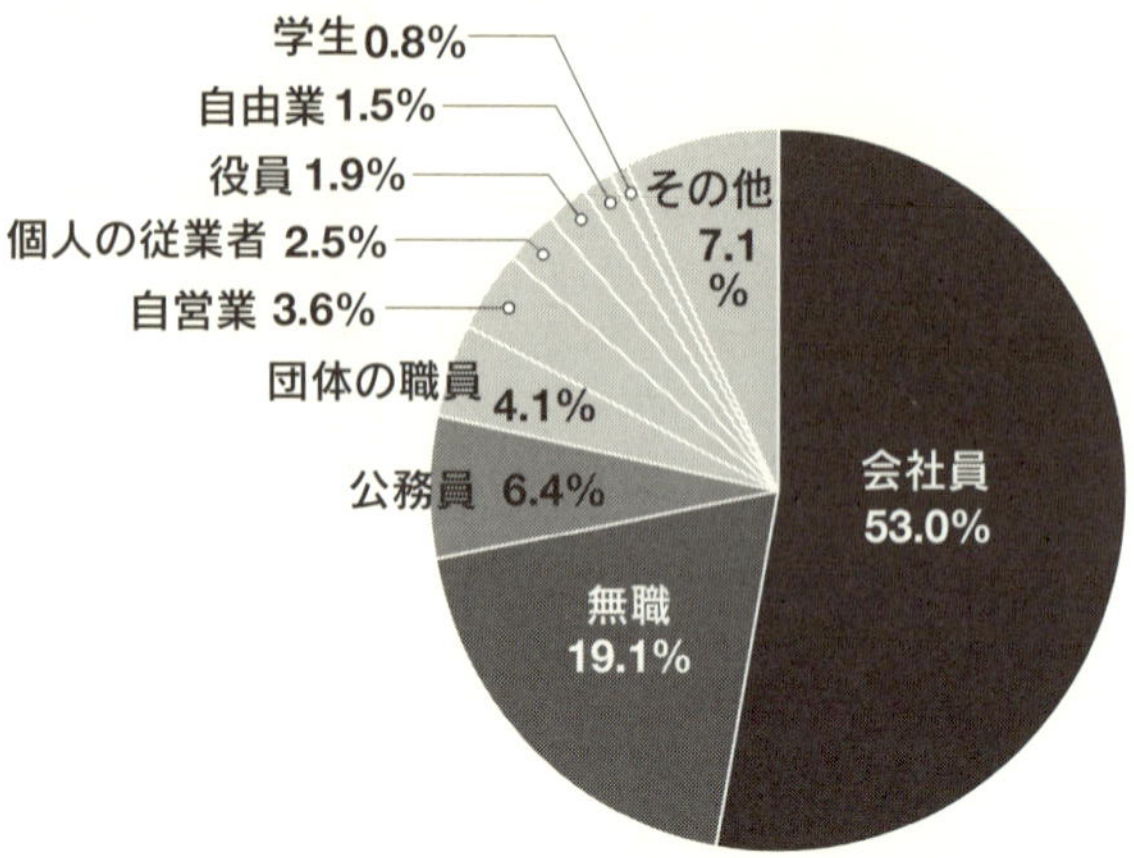
学生 0.8%
自由業 1.5%
役員 1.9%
個人の従業者 2.5%
自営業 3.6%
団体の職員 4.1%
公務員 6.4%
その他 7.1%
会社員 53.0%
無職 19.1%

今のあなたも、同じような環境ではないでしょうか？　社労士試験を受験される方のそのほとんどは、何かしら職業を持っている方で、週の大半は働いている方が多いと思います。これは私の感覚ではなく、データからもうかがえます。

全国社会保険労務士会連合会が提供している社会保険労務士試験オフィシャルサイトには、「過去10年の推移と合格者の年齢階層別・職業別・男女別割合」（第44回（平成24年度）社労士試験についての情報）というデータが掲載されています。その中の「合格者の職業別割合」（上図）によると、合格者の中で無職の割合は19・1％。学生とその他を含めても27％と、7割以上の方が会社員や公務員などの何らかの職業に就いていることになります。100人受験生がいれば、73人程度は働きながら勉強して、そして合格したという事実がわかります。

つまり、**社労士試験の場合には働きながら勉強している受験生が多いのです。何もあなただけが働きながら勉強しているわけではありません。**

勉強する時間がない！　仕事が忙しい！　学生のようにはいかない！　などなど、できない理由を並べ立てるような言い訳はうんざりです。あなたは、本書を手に取ることですでに合格へと向かって一歩前進しているのです。それでも、あなたはいろいろと言い訳をかざして受験勉強のブレーキを踏むのですか？　あるいはバックギアでも入れるつもりですか？　ぜひアクセル全開で本試験まで走りましょう！

そうはいっても、1日24時間の中で、勉強する時間があまりとれないのであれば、**他の時間を削減してでも勉強する時間を何とか確保しなければなりません。**

しかし、勝利の方程式を思い出してください。方程式からいえば、もしも勉強時間がネックであっても、品質、目的、習慣といった他の因子を上昇させれば合格は可能になります。

確かにその通りです。ただ、時間という因子である勉強時間は多ければ多いに越したことはありません。また、「最低限これくらいの勉強時間は必要」という一般的な目安もあります。

では、合格するためには何時間程度勉強すればいいのでしょうか？　個人差があることを承知のうえでお話しすると、**一般的に合格者の勉強時間の多くは、約８００時間〜１２００時間**の範囲といわれています。私のトータル勉強時間は約７００時間でした。約９ヶ月、７００時間の勉強で合格することができました。

一般的な合格者の勉強時間が約８００時間〜１２００時間ですから、その中央値は１０００時間ということになります。ですから**一応の勉強時間の目安は、１０００時間を目指してください。その7掛、つまり700時間。これを最低限しなければならない勉強時間だと認識してください。**繰り返しますが、私はその７００時間で合格することができました。非常に効率的・合理的に合格することができたのです。本書で掲載する私の勉強法を実践してもらうことで、たとえあなたが働きながら勉強している受験生だったとしても、効率的・合理的に受験勉強を進めてもらえると思います。

1日24時間のタイムスケジュール表をつくろう

品質、目的、習慣といった因子を上昇させることはもちろん大事なことなのですが、時間因子を上昇させる努力・工夫もしなくてはなりません。そのためにも、まずは1日24時間のタイムスケジュールをつくってください。

次ページのサンプルのタイムスケジュール表を参考にして、平日用と土日・休日用の2パターンのタイムスケジュール表を作成してみましょう。

1日のうちにいったい何時間程度勉強に費やすことができそうですか？　とりあえずはアバウトでもいいので、勉強時間を見積もってください。

さて、あなたのタイムスケジュール表が作成できましたか？　1日の勉強時間の合計は約何時間になりましたか？

本試験まであと何日ありますか？

では次に今日は何月何日ですか？　本試験まであと何日ありますか？　数えてみてください。おおよその日数でもかまいません。日数が把握できれば、これから本試験の日まで

平日と休日のスケジュールを立てよう

≪平日≫		≪土日・休日≫
	0:00	
	1:00	
	2:00	
就寝	3:00	就寝
	4:00	
	5:00	
	6:00	
朝食・準備	7:00	朝食・準備
通勤	8:00	通学
	9:00	
勤務	10:00	**勉強**
	11:00	
昼食	12:00	昼食
	13:00	
	14:00	
勤務	15:00	**勉強**
	16:00	
	17:00	
通勤	18:00	通学
夕食	19:00	夕食
入浴	20:00	入浴
フリー	21:00	フリー
勉強	22:00	**勉強**
	23:00	
1日の勉強時間の合計 **2時間**		1日の勉強時間の合計 **10時間**

勉強時間を割り出そう

本試験までの残日数 ＝ ❶___日（内訳：平日 ❷___日、土日・休日 ❸___日）

❹勉強時間（平日）＝___時間（@1日）×❷

❺勉強時間（土日・休日）＝___時間（@1日）×❸

❹＋❺＝_____時間

例えば、右ページのスケジュールで、残日数平日200日、土日・休日70日で計算すると、

平日＝2h×200日＝400h

土日・休日＝10h×70日＝700h

400+700＝1100h ⇒ 1100時間 の勉強時間が確保できる！

あと何時間くらい勉強することができるのか、一度計算してみてください（上記参照）。

本試験までの勉強時間の合計。あなたは何時間程度になりましたか？　勉強時間の目安である1000時間をクリアしていれば、まずまずといったところでしょうか。一方、あなたがスケジュールした勉強時間の合計が700時間を下回っているのであれば、タイムスケジュール全体を早急に改善しなければなりません。

合格するために最低限しなければならない勉強時間の目安である700時間は、なんとしてでもクリアして欲しいのです。

タイムスケジュール表で現状及び今後の勉強時間を把握するとともに、結果的に700時間に足

りないことが見込まれる場合には、途中から改善策を打つためにも、タイムスケジュール表を作成・活用して欲しいのです。

さて、1章では、モチベーションをキープする社労士試験勉強法の核となる勝利の方程式について、その内容・仕組みをお話ししてきました。社労士試験の勉強法を「木」にたとえると、勝利の方程式が「幹」の部分であり、2章以降がいわゆる枝葉の部分にあたります。

では、いよいよ2章に入っていきます。枝葉の部分である、より具体的な勉強法についてお話ししていきましょう。

2 章

スタートダッシュが肝！
勉強前期の勝利の布石

1 初受験か再受験かで心構えが違う！

再受験組の余分な知識が逆効果になる

社労士試験において、初受験組と再受験組とではどちらが有利だと思いますか？

「もちろん、それは再受験組でしょう！」

という声が聞こえてきそうですが……。実はそうでもないのです。2回、3回と社労士試験を経験している方であれば、そのことはわかっているはずです。確かに再受験を目指すことで、勉強するための時間を1年さらに確保できますが、だからといって時間的な余裕ができたわけではありません。そのことを勘違いしている受験生がいかに多いことでしょう。この勘違いが油断を生んでしまうのです。

ご存じの通り、社労士試験には、労働基準法、雇用保険法、健康保険法など、多岐にわたる法律科目があります。そこに毎年何らかの法改正がともない、受験するうえで、それら改正点の影響を受けるわけです。数字系の改正の場合は特にやっかいです。去年まで死にものぐるいで覚えたものが、改正によって本試験対策上まったく意味を持たなくなるからです。シンプルにいうと、覚えてきたことがムダになるわけです。

改正前後の知識が入り混じり、頭の中はグチャグチャになるなんてことも生じます。社労士試験は暗記の部分が多いため、過去に勉強してきた古い知識があることで、誤った知識のまま覚え込んでいるとても残念な受験生もいます。**受験において誤った知識は致命傷となり、その結果、合格することができなくなってしまうのです。**

過去の知識を法改正に対応するため、最新バージョンへメンテナンスするという、知識の入れ換え作業は、思っているよりもはるかに大変で根気を必要とします。今まで正しいと教えられ、覚えていた常識（その内容や数字）をひっくり返すわけですから。

しかし、初受験組の場合にはそのような心配は一切無用です。もともと知識はゼロのはずですから、真っ白な頭に最新の情報をただインプットしていけばいいのです。

初受験組の知識吸収力は高い

初受験組の真っ白な頭とはいわば新品のノートみたいなものです。

学習初期段階では社会保険法や労働保険法のように一般的に馴染みが薄く、多少戸惑う科目があるにしても、それらにも徐々に慣れ、知識としてどんどんノート（頭）に書き込まれて（記憶されて）いくわけです。

一方、**再受験組の頭はというと、ある程度「使いこなされたノート」**と表現できるかもしれません。

つまり、すでにノート（頭）には書き込みがされており、新たな知識をその都度ノートに追加記載していくわけです。追加記載というと、言葉では簡単に聞こえるかもしれませんが、いざやるとなると、それがなかなか難しいわけです。人間は機械ではありませんから、思うようにはいきません。その結果、ノートをメンテナンスするにも時間を要するわけです。

知識吸収力では、再受験組よりも初受験組が勝っているといえるでしょう。

再受験組が取るべき方策

では、再受験組はどのような対策を取ればいいのでしょうか？　それは、**「油断を捨て去る」**こと以外に道はありません。

当たり前のことですが、再受験組の方は絶対に油断をするな！　ということです。「油断なんてしないよ。私は大丈夫！」と、今まさに心の中でつぶやいたあなた！　実は、それが油断なのです。

「私は大丈夫！」「私に限っては大丈夫」。受験では、この発想が危ないのです。自分では大丈夫だと思っている受験生こそが、危ないわけで、そのほとんどのケースが実は大丈夫ではないのです。そこに気付けるかどうか、この意識がとても大事なポイントです。

これは私の持論ですが、**初受験組と再受験組の成長直線が交わるのは大体5月～6月にかけて**だと思います。

参考までに成長直線とは、合格までの成長（インプット力やアウトプット力など）を表わしたもので、初受験組と再受験組との成長直線の角度（成長速度）を比較した場合、初

初受験組と再受験組の成長直線イメージ図

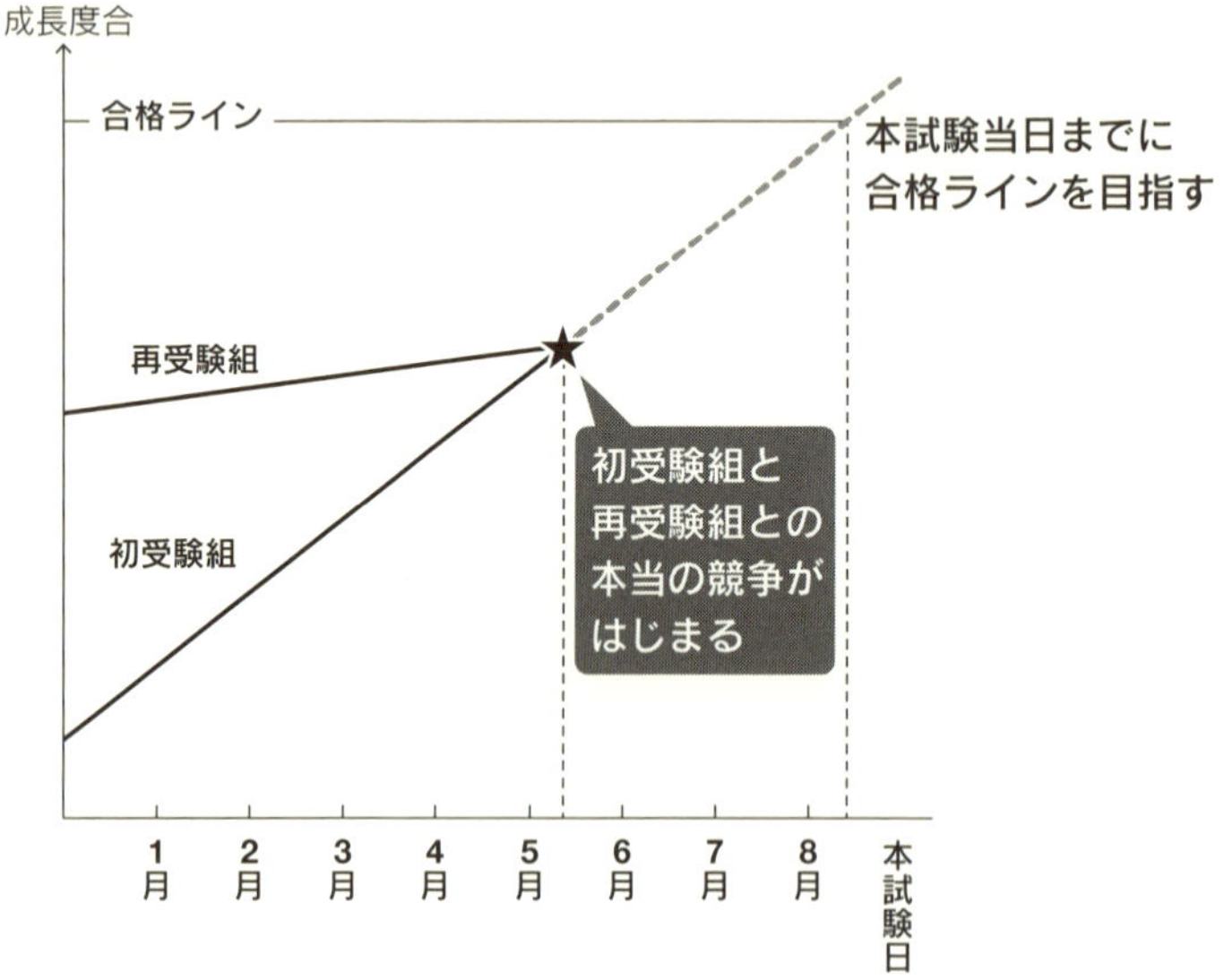

成長度合
合格ライン
本試験当日までに
合格ラインを目指す
再受験組
初受験組
初受験組と
再受験組との
本当の競争が
はじまる
1月
2月
3月
4月
5月
6月
7月
8月
本試験日

受験組のほうがその角度は大きくなります。再受験組よりも、初受験組のほうが、成長速度が速いわけです。

何がいいたいかというと、例えば合格発表後の12月頃から勉強をスタートして、桜の咲く3月頃までは確かに再受験組が優勢でしょうが、初受験組の猛追撃（急成長）があるため、5月～6月にかけて間違いなく初受験組に追いつかれるはずです。

ですから、5月頃までに、いかに初受験組との距離（成長の差）を確保しておくか、これが再受験組にとっては合格への重要なポイントになります。

モチベーションの最適化

初受験組の場合、モチベーションを維持することは比較的簡単だと思います。社労士に合格したい理由は何であれ、まずは「合格したい」というフレッシュな気持ちがあれば、何とか初回の受験は、乗り切れると思います。

さて、そこで問題は再受験組の方々です。受験2回目、3回目、中にはそれ以上の方もいるでしょう。もちろん、「合格したい」「勉強しなきゃ」という気持ちを心の中には持っていると思いますが、**受験に対する熱意はどうでしょうか？　初受験組と比べると希薄になっているのではないでしょうか？**

「あーあ、とりあえずまた受験しなきゃ」
「あーあ、とりあえずまた同じところを覚えなきゃ」
「あーあ、とりあえずまた受験勉強のために自分の時間を犠牲にしなきゃ」
などと、「あーあ」というため息が聞こえてくるような気がしてならないのです。

だからお願いです。今日からモチベーションを最適化して、「よし再受験するぞ！　必ず合格するぞ！」と気持ちを切り替えて、社労士試験へ立ち向かうためにテンションを上げて欲しいのです。

惰性で勉強していてもだめです。同じ試験を何回も受けていると、試験に慣れてしまい、受験するという行為自体に満足感を見出してしまう危険性が出てきます。受験勉強はあくまでも合格するための勉強であって、知識向上のための勉強ではないことを肝に銘じてください。

では、どのようにモチベーションを最適化するのでしょうか？

答えは簡単です！　**社労士試験を受験することへの目的をより明確化する**ことです。何のために受験するのか、なぜ社労士になりたいのか、ということを「ど真剣」に考えることです。

「ただ何となく合格したい」というイメージではなく、どうして合格したいと思うのか、さらにいえば、なぜ合格しなければならないのか、社労士受験の動機・目的、あるいは必然性みたいなものが明確にあれば、「何となく合格したい」というよりは、間違いなく受験へのモチベーションはぐんとアップします。

例えば、**社労士試験合格後のイメージを持つ**ことでもいいと思うのです。社労士に合格したら、あなたは何をするのでしょう。それを追求してください。合格後のストーリー（ライフプラン）を追い求め、その答えが出た時に、社労士受験の目的が明確になるわけです。

これから約1年間という受験生活においては、合格への不安や勉強のストレスなど、受験勉強への気分が乗らずにテンションが下がることも少なからずあるでしょう。

それでも明確な受験の真の目的があれば、そのような時もモチベーションを最適化でき

初受験組が有利な理由　再受験組が不利な理由

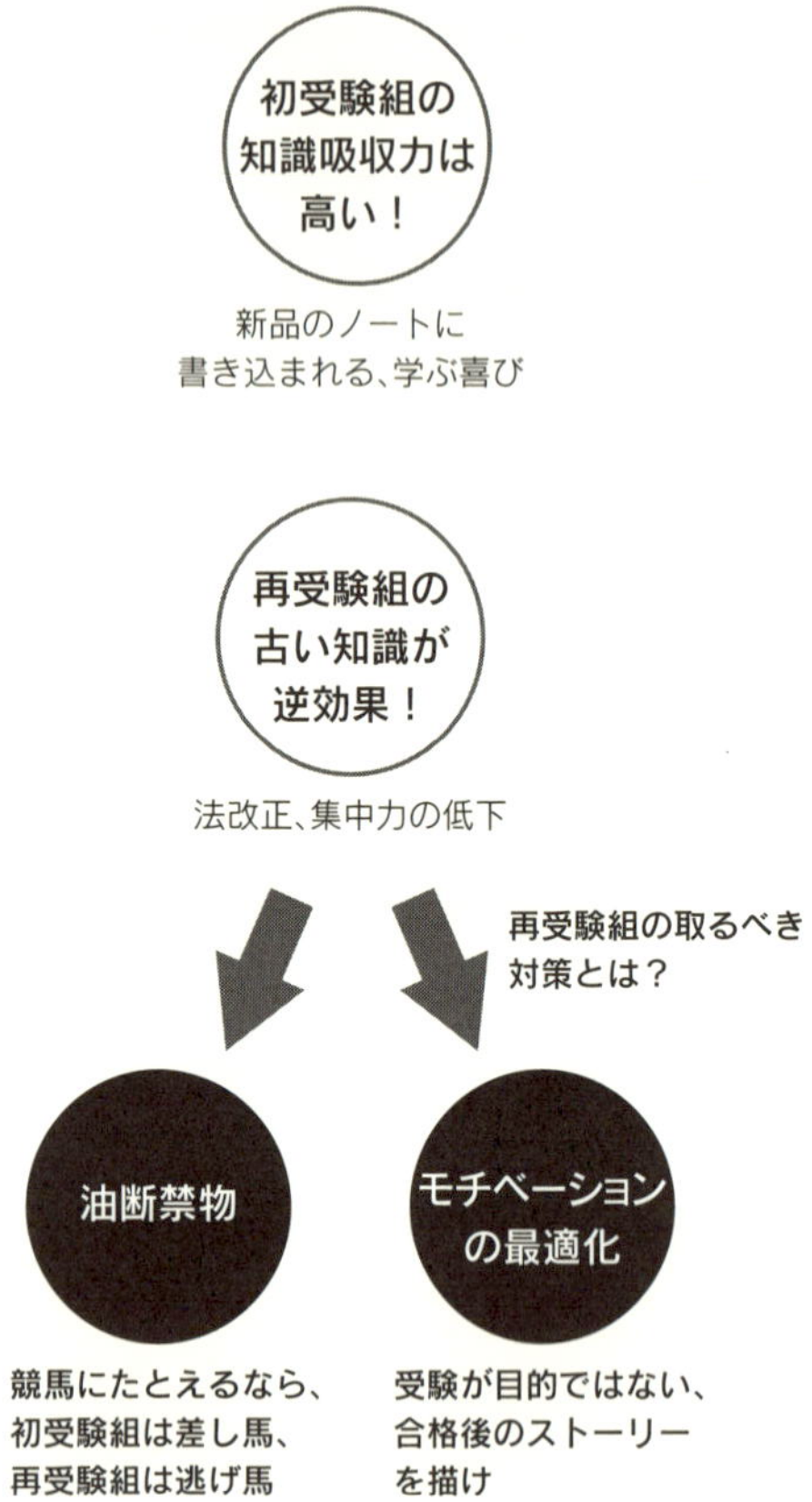
初受験組の
知識吸収力は
高い！
新品のノートに
書き込まれる、学ぶ喜び
再受験組の
古い知識が
逆効果！
法改正、集中力の低下
再受験組の取るべき
対策とは？
油断禁物
モチベーション
の最適化
競馬にたとえるなら、
初受験組は差し馬、
再受験組は逃げ馬
受験が目的ではない、
合格後のストーリー
を描け

るはずです。受験とはある種ゲームみたいなもので、ゴールした（合格した）者勝ちで、**合格することで受験というゲームを抜け出せる**のです。

つまり、合格しなければいつまでたってもそのゲームから抜け出せず、泥沼一直線になりかねないわけです。仮に、社労士受験を断念すれば抜けられますが……、それは避けたい選択ですよね。受験勉強をするのであれば、早く合格してその次のステップに進みたいという気持ちを持ちましょう。

2 使える問題集の選び方

問題集選びを見直そう

受験生の中には、問題集をいろいろと買い揃える方がいます。買い揃えたいその気持ちは理解できます。受験に対する不安、心配、焦りなど。そのような気持ちが強ければ、大型書店やネット書店のアマゾンなどで「社労士受験」に関する書籍をたくさん買い求めるかもしれません。

もちろん、必要な書籍は購入してもらいたいですが、あれもこれもというスタンスは、あまりおすすめできません。

「社労士受験」の問題集やテキストを、手当たり次第に購入することで、不安や心配、焦りなどのマイナス心理が払拭されるかもしれません。

しかし、それは一時的なものです。それよりも何よりも、**購入したそれらの問題集を本当に使いこなしていますか？** ともすると、それらの問題集が本棚の飾りになっていませんか？ あるいは問題集を購入しただけで、勉強した気分になっていませんか？

問題集選びには、実はルールがあるのです。問題集を購入する場合、あなたはどのように選んでいますか？　もしかして、とりあえず適当に選んでいたり、単に多くの問題が掲載されている問題集を選んでいたりしていませんか？　もしそうだとすれば……、その選び方はＮＧです。

それだけの理由であれば、それらの問題集が質的に優れている（高品質）という根拠がないに等しいでしょう。問題集選びのポイントは、次の1点に集約されます。

解説が充実しているかどうか

書店に出向いて問題集を選ぶ際には、まず解答の解説を見るようにしてください。掲載されている問題数が充実しているのかどうなのかは、実はあまり重要ではありません。それよりも、**問題の解答に対する解説が充実しているか否かが重要**なのです。

問題集を選ぶ際には、実際に手に取って、そのあたりをしっかりチェックしてください。

ネット注文など、手に取ることができない場合には、口コミ評価であるレビューを見ることをおすすめします。購入者からどのような評価をされているか？　購入してよかったといっているか？　悪かったと評価されているか？　実際の読者の声を知ることができ、購入可否のひとつの判断材料になります。

もし、レビューの中で「とても解説が充実していました」とか「解説が詳しく掲載されていた」など、**「解説」を評価しているものがあれば、それは「買い」の問題集かもしれません。**

購入する前には、レビューをしっかりとチェックしましょう。

しかし、あれもこれもと問題集を買う必要がない分、「この1冊」と呼べるものを、やはり書店などで実際に自分の目でじっくり見て、選んで買うことをおすすめします。

なぜ解説が充実している問題集を選ぶのか

ご承知のように社労士試験は論述形式の試験ではなく、与えられた条件から正解を選ぶ（探す）試験です。

と、このようにいうと……、

「合格するには、ひたすら暗記する勉強をすればいい」

などと、勘違いする受験生がいます。実際は、暗記だけで社労士試験に合格することはできません。丸暗記型の勉強法ではだめなのです。

なぜなら、まるっきり同一の問題が出題されることなどないに等しいわけですから、問題と答えをただ単に暗記してもほとんど意味がないわけです。

問題を解いて、その後、**解答・解説を見た時に、なぜそのような解答になるのか？　なぜ間違ってしまったのか？　という検証をすることが大切**なのです。その「なぜ？」という疑問に応えられるような解説が掲載されている問題集を選ぶことが得策なのです。ですから、詳しく解説が掲載されている問題集をぜひ選びましょう。問題をただ消化するだけではなく、解説を読み込み、そして理解することが、問題を解く能力を高めていくのです。

白書はいらない

白書とは、中央省庁が編集しているもので、政府の施策の現状などを国民に周知させるための刊行物のことです。『厚生労働白書』もそのひとつです。

受験生の中には、わざわざその厚生労働白書を購入する方もいるようですが、実際は白書そのものを購入する必要はありません。もし仮に購入したとしても、膨大な情報が掲載されている、あの分厚い白書を開いてしっかりと読み込むことはほとんどないでしょう。

ただ、ここで誤解して欲しくないのは、白書対策をまったくしなくてもよいといっているわけではありません。

もちろん、**白書対策は必要です。**私は白書そのものを購入する必要がないといっているだけなのです。白書を購入して、自力で勉強するのではなく、受験専門学校などが実施している白書対策講座などをうまく活用するべきだと思います。分厚い白書を独学するより、そのほうが何十倍も効率的です。

3 テキストの読み込み方法

テキストは精読せよ！

受験生の中には、ご丁寧にテキストを4回、5回と、何度も読まれる方がいるようです。本当にそのような勉強法でよいのでしょうか？　テキスト重視の学習で本当に合格できるのでしょうか？

確かにテキストを読み込むことはとても大切ですが、テキスト重視の学習法では、本試験に太刀打ちすることはできません。テキストを学習する際には、次の2点に注意して読み進めてください。

条文及びその解説を読み込み、理解することは大切ですが、**同時にテキストで紹介されている通達や判例なども、一つひとつ精読しましょう。雑則や罰則なども、精読する必要があります。**

「この論点は出ない！」などと、自分勝手に判断せずに、テキストレベルのことは、すべて学習しておく必要があります。テキストの精読を通じて、そのすべてを暗記しろといっているわけではありません。

精読したか、していないか、この点が重要なのです。

つまり、何回も読み込むのではなく、紙面の隅々まで読むことが大切なのです。

一度精読すればOK！

テキストは一度精読すれば、まずは十分でしょう。何度も何度も読み込む必要はまったくありません。

時々、受験生同士で、

「私はテキストを4回転させた」

「えー！　私はまだ3回転……」

などと、テキストを何回読み込んだのかを自慢している会話を耳にすることがありますが、非常に残念な会話です。テキストを何回読もうが、さほど合否には影響しないですし、はっきりいって単なる自己満足にしか過ぎません。

勉強をしている割に、答案練習や模擬試験でなかなか点数が伸びない方は、この会話をするような受験生のタイプが多いです。

テキストでの学習は必要条件ですが、合格のための十分条件ではありません。やはり、**アウトプットの学習が大事**なのです。テキストを何度も読むような時間があれば、問題集を繰り返し解くほうがよほど効果的です。問題集を繰り返し勉強することは**問題解答力**が付きます。答案練習や模擬試験、そして本試験ではこの問題解答力が要求されます。

受験生当時、私は極力「脱テキスト」を心掛けました。もちろん、一度精読したうえで、です。「脱テキスト」とは、テキスト重視の学習法ではなく、**問題演習重視型の学習法**のことです。

問題集などの演習を通じて、スイスイと問題が解けている時には、あまりテキストを見ることはありませんでしたが、理解が曖昧な点や記憶違いをしている時などは、いったんテキストに立ち返り、その箇所の確認作業とともに、周辺知識もサラッと確認するようにしていました。

あくまでもテキストの精読は1回で、その後は**必要に応じてテキストに立ち返る（再確**

テキストの読み込み方法＆回転数

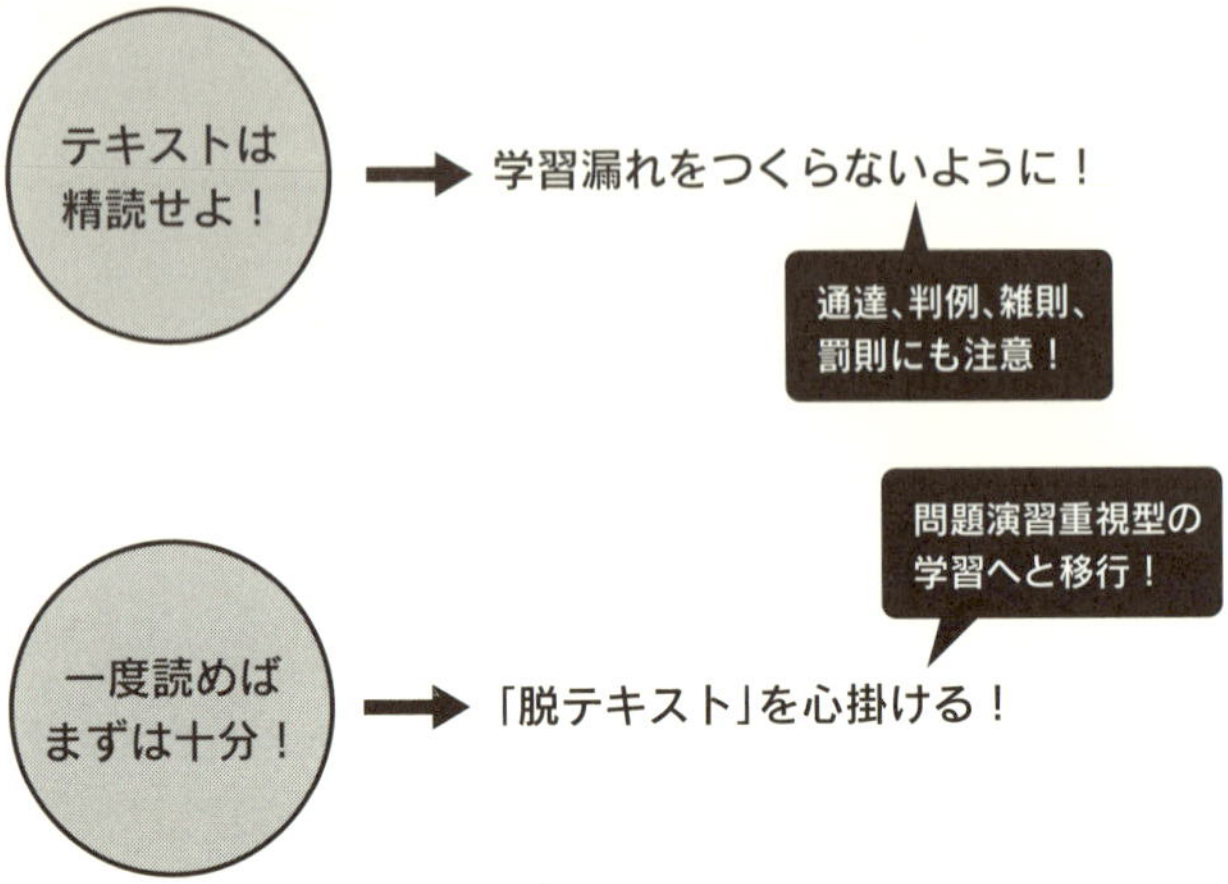
テキストは
精読せよ！
学習漏れをつくらないように！
通達、判例、雑則、
罰則にも注意！
問題演習重視型の
学習へと移行！
一度読めば
まずは十分！
「脱テキスト」を心掛ける！

認）という学習スタイルです。問題演習の中で、必要に応じて問題集とテキストを行ったり来たりする。その**反復作業を通じて理解・記憶が定着し、結果として力を伸ばす**ことにつながるわけです。

皆さんも、テキスト重視型の学習法から問題演習重視型の学習法へと、早い段階で移行してください。

4 モチベーションをキープする受験仲間の奇跡の活用法

ペースメーカーとして活用する

ひとり孤独に黙々と受験勉強に取り組むのも結構ですが、モチベーションをキープするためにも、できれば受験仲間をつくってもらいたいと思います。

受験仲間をつくる目的は、単に有益な情報を交換するためだけではありません。あくまでも、モチベーションのキープが目的です。具体的に説明しましょう。

勉強していくうえでのペースメーカーとして活用することで、**受験仲間と比べて、自分の勉強ペースは遅れているのかいないのか、チェックする**ことができます。

もしも、遅れているのであれば早急にペースアップしなければいけませんし、先行しているのであれば受験仲間であるペースメーカーに追い抜かれないようにペース配分を図ればよいわけです。

ペースメーカーを持つことでいつの間にか「アイツには負けたくない」という競争心が芽生えてきます。つまり、**ライバル**として意識していくわけです。競争心を持つことはとても大切ですし、受験勉強へのモチベーションキープにも有効です。受験勉強初期の早い段階でペースメーカーをぜひ見つけましょう。

ベンチマークとして活用する

勉強していくうえでの模範相手として活用することで、暗記の仕方、テキストへのメモの仕方、問題集の進め方、復習の仕方など、勉強方法について、「いいね！」と思える部分を積極的に模倣する（真似る）ことができます。

よいモノ（勉強法）は積極的に取り入れて、とりあえず試してみる！ これは受験においてもとても大切なこと（戦術）なのです。

ただし、この**模倣は試験勉強前半期までの話**です。受験後半期に入ってもこのような模倣で、自分の勉強方法を確立しておらず、ふらふらしているのであれば、要注意です。勉

受験仲間の奇跡の活用法

**受験仲間をつくることは、単に有益な情報を
交換するためだけではありません**

ペースメーカー

ライバルを意識して勉強に取り組む！ しかし、あくまでもペースメーカーなので、勉強後半期には追い抜くタイミングを見計い、ライバルに勝つ！

ベンチマーク

問題集の進め方や復習の仕方など、参考になる勉強方法は、積極的に模倣する。ただし、模倣するのは勉強前半期まで！ つまり、前半期までに自分の勉強方法（スタイル）を確立させる！

**自分よりもレベルの高い受験仲間を
見つけることが大切！**

強方法が定まっていない状態であり、とても不安定な状態といえます。

試験勉強後半期に勉強方法をころころ変えることは決して得策ではありません。受験後半期は、自分の勉強方法を信じ、腰をどっしりと据えて勉強する時期なのです。ふらふらしている時期ではありません。

そのためにも、勉強前半期中に「いいね！」と思える勉強方法を模倣して試したうえで、自分の勉強方法（スタイル）を確立しておきましょう。

5 通学者は予習を絶対にするな

予習することが悪な理由

受験専門学校通学者の場合、予習が大切だという常識があるようですが、実はそれは間違いです。予習は必要ありません。例えば、前もってテキストを読むなどの予習をする暇があるのでしたら、問題集を1問でも2問でも解いたほうがよほど身に付きます。予習することは悪なのです。

その理由は、**予習には多大な時間がまず必要だから**です。

予習とは、前もって事前学習することで、習ってもいない部分を勉強するわけですから、多くの時間を要します。つまり、多大なコスト（時間）が必要になるわけです。

予習した経験のある方は実感しているでしょうが、理解しにくい条文や言い回しなどに困惑し、調べながら予習するはめになります。

一歩進んでは立ち止まり調べる。そしてまた一歩進んでは立ち止まり調べる。この調子で勉強すると、調べるだけで、1週間終わってしまいそうです。

予習することだけに勉強時間を取られているようでは、試験勉強しているとは到底いえませんね。

予習ではなく復習をきっちりとする

予習することで得することはまったくありませんが、復習することで得することはたくさんあります。予習することよりも復習することのほうがその何倍、いや何十倍も価値があるのです。復習することで得られるメリットを次にまとめてみます。

・効率的に勉強することができる

⬇すでに習った箇所を再度学習するわけですから、**テンポよく学習する**ことができて、予習することに比べてはるかに効率的に勉強をすることができます。

・自分の理解が正しいのかどうかをチェックすることができる

⬇すでに習った箇所を再度学習することで、テキストの内容などについての**自分の認**

識や理解が正しいのかどうかをチェックすることができ、仮に勘違いや思い違いがあれば早い段階で修正することができます。

復習する際の注意点として、ひとつだけお伝えしたいことがあります。それは、テキストだけではなく、**問題集も利用しながら進める**ことです。問題集を併用することでアウトプットの力が付いていきます。復習する際にはインプットよりも、アウトプットを重視するようにしてください。

6 サブノートをつくるデメリット

自己満足にしかならないサブノート

テキストを学習する際の補助的ノートとして、補足情報などを記載・整理するためのサブノートをつくる受験生がいますが、サブノートをつくっても結局は「ダメノート」になるのがオチです。合格するために、サブノートは必要ありません。サブノートをつくる行為自体が単なる自己満足にしか過ぎないのです。

サブノートをつくるデメリットとして、次のようなものがあります。

・サブノートをつくることに気がとられてしまい、授業に集中できない

⬇これでは学費がもったいないですね。

・サブノートをつくるために多くの勉強時間が費やされる

➡本来しなければいけない勉強ができなくなります。

・サブノートをつくることで勉強した気分になる

➡復習することへのモチベーションが下がってしまいます。

・同じような内容のテキストがもう1冊増えるだけ

➡内容が重複しては意味がありません。

テキストに書きまくれ

サブノートをわざわざつくらずに、**ポイントや気付きなど、その都度テキストに直接書き込めばよい**のです。

テキストにどんどん書き込むことで、**テキストの情報量が増えていく**わけですね。そうなると、復習もとてもスムーズにすることができます。テキストには、ポイントなどが追記されているので、テキストを見れば簡単に復習できる状態になっているわけなのです。

その結果、復習の効率化につながります。

テキストに書き込んで知識を増やそう

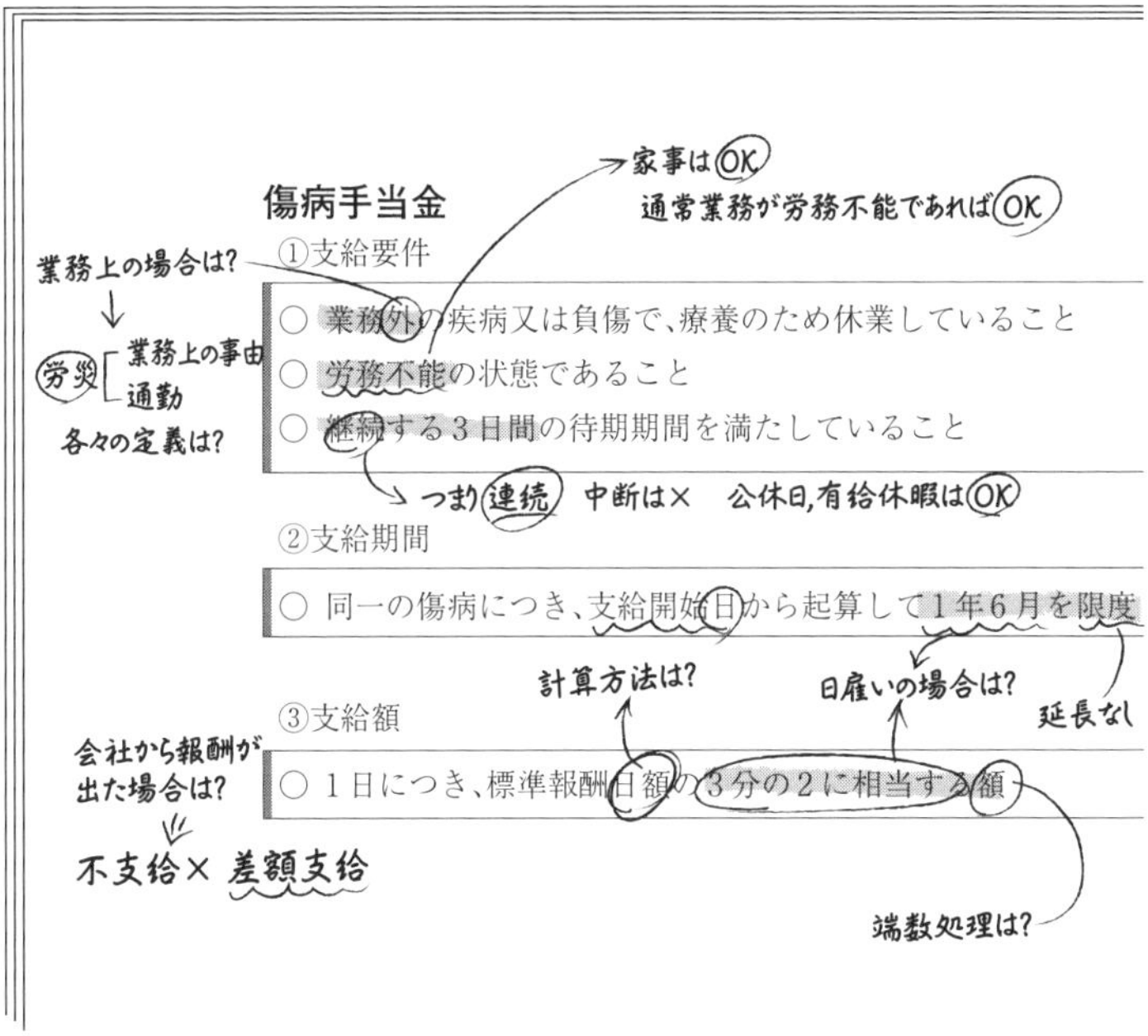
傷病手当金
①支給要件
○ 業務外の疾病又は負傷で、療養のため休業していること
○ 労務不能の状態であること
○ 継続する３日間の待期期間を満たしていること
②支給期間
○ 同一の傷病につき、支給開始日から起算して１年６月を限度
③支給額
○ １日につき、標準報酬日額の３分の２に相当する額
家事はOK
通常業務が労務不能であればOK
業務上の場合は?
労災 業務上の事由 通勤
各々の定義は?
つまり連続　中断は×　公休日,有給休暇はOK
計算方法は?
日雇いの場合は?
延長なし
会社から報酬が出た場合は?
不支給×　差額支給
端数処理は?

受験生によっては、テキストが汚れることを嫌い、テキストにいろいろ書き込むことに対してストレスを感じる方もいるかもしれませんが、それを気にしてはいけません。

不思議なことですが、**合格者が使っていたテキストを見せてもらうと、メモ書きだらけ**で、一見すると呪文のようです。何を書いているのか書いた本人にしかわからないという状態で、かなり汚れていることが多いのです。

ちなみに私のテキストも、それはもうメモ書き（しかも赤ペン）だらけで、ムチャクチャ汚れていました。お見せするのも恥ずかしいくらいです。

しかし、他人から見れば「何これ！」と思うテキストであっても、本人にとっては立派な「Ｍｙテキスト」なのです。自分だけの知識が詰まった世界にひとつだけのオリジナルテキストです。

皆さんも、テキストにどんどん書き込み、汚れてもいいからオリジナルＭｙテキストをつくってください。

3 章

確実に理解を深める勉強中期

1 意外と得点できない労働基準法の学び方

受験生の皆さんであればすでにご存じだとは思いますが、社労士試験は【択一式試験：各10問・計70問の解答】と、【選択式試験：各問5箇所の空欄穴埋め（選択）・計40箇所の解答】とで構成されています。

そこで、本章では勉強中期に押さえておきたい、主要科目の勉強のコツをお伝えしたいと思います。

社労士試験の受験科目の中で一番勉強しやすい科目は、あなたにとってどの科目でしょうか？　労働者災害補償保険法ですか？　雇用保険法ですか？　それとも健康保険法ですか？

いえいえ、それはおそらく労働基準法ではないでしょうか。国民年金法や労働保険の保険料の徴収等に関する法律（以下、労働保険徴収法）のほうが勉強しやすいという方ももちろんいるとは思いますが、一般的には「労働基準法」と答える受験生が多いと思います。

社労士試験の概要

試験科目	択一式 計7科目(配点)	選択式 計8科目(配点)
労働基準法及び労働安全衛生法	10問(10点)	1問(5点)
労働者災害補償保険法(労働保険の保険料の徴収等に関する法律を含む)	10問(10点)	1問(5点)
雇用保険法(労働保険の保険料の徴収等に関する法律を含む)	10問(10点)	1問(5点)
労務管理その他の労働に関する一般常識	10問(10点)	1問(5点)
社会保険に関する一般常識		1問(5点)
健康保険法	10問(10点)	1問(5点)
厚生年金保険法	10問(10点)	1問(5点)
国民年金法	10問(10点)	1問(5点)
合　計	70問(70点)	8問(40点)

注1　択一式試験の「労働者災害補償保険法」及び「雇用保険法」は、それぞれの問題10問のうち3問が「労働保険の保険料の徴収等に関する法律」から出題されます。具体的には、択一式試験の「労働者災害補償保険法」は、問1～7が「労働者災害補償保険法」、問8～10が「労働保険の保険料の徴収等に関する法律」です。「雇用保険法」は、問1～7が「雇用保険法」、問8～10が「労働保険の保険料の徴収等に関する法律」です。

注2　選択式試験の「労働者災害補償保険法」及び「雇用保険法」は、「労働保険の保険料の徴収等に関する法律」からの出題はありません。

社会保険労務士試験　オフィシャルサイト「受験案内」より

初受験組の場合は、特にその傾向が強いでしょう。それはなぜでしょうか。

社労士の受験生は、何かしら職業を持っていて日頃働いている方が多いと思います。1章でも触れましたが、全国社会保険労務士会連合会が提供している「合格者の職業別割合」という資料からも容易に想像できます（38ページ、グラフ参照）。

日頃働いている方々の興味を考えると、受験科目の中では労働基準法に目がいくことは当然のことでしょう。もちろん、社会保険も重要な制度であることはいうまでもありませんが、万一の場合のつまり、セーフティネットである保険制度よりも、日々の労働環境や労働条件に関心を持ち、その根拠法ともいえる労働基準法に親しみ、比較的勉強がしやすいと感じることはごくごく当たり前の話です。

万一の場合の、病気・ケガ、障害、死亡に関する保険の勉強よりも、日々働く中での疑問、不安……。例えば、有給休暇、サービス残業・未払い残業代、不当解雇などなど。**現実的に直面しそうな事柄のほうが、身近でイメージしやすく、興味もわき、受験勉強にも熱が入りますよね。労働基準法が勉強しやすい理由はそこにあるわけです。**

さて、ここからが重要なお話です。比較的勉強しやすい労働基準法ですが、**意外と得点できない科目であるのも実は労働基準法なのです。**

ひっかけ問題が多いうえに、かなり深い知識がないと正しく解答できないような、重箱の隅をつついた受験生泣かせの問題が他の科目よりも出題される頻度が高い、これが労働基準法です。

再受験組の中には、労働基準法で苦い経験をしたことがある方も多いのではないでしょうか。答案練習や模擬試験では高得点だったにもかかわらず、本試験ではなかなか点がとれない。これは、労働基準法では、よくあるケースです。

労働基準法という科目をわかりやすく一言で表現すると、勉強しやすい科目であると同時にある意味勉強しがいのない科目。勉強しても、意外と本試験では点がとれない、やっかいな科目なのです。

そうはいっても、労働基準法を勉強しないわけにはいきませんよね。このやっかいな科目をいかに克服していくか、その勉強法について、お話ししましょう。

通達や判例を意識する

問題の中では通達や判例を引用しているケースがたくさんあると思います。勉強を進めるうえでは、それら通達や判例をさらっと読み流すのではなく、きっちりと理解することを意識しながら学習してください。**よりたくさんの通達や判例に親しむことで、労働基準法の解答力がアップする**ことは間違いありません。労働基準法関連の通達や判例が出てきた場合には、チェックを忘れないようにしましょう。

暗記するのではなく理屈・本質を理解する

社労士試験は論述試験がないためか、暗記中心の勉強に偏りがちです。確かに、その要素は強いのですが、労働基準法という科目に限っていえば、暗記よりもむしろ**理屈や本質を中心に学習**して欲しいと思います。条文に書いてあるから、ただ単に覚えるという学習スタイルではなく、なぜそのような条文の内容になるのか、例えば、それはどのような背景からきているのか、条文に書かれている内容の趣旨・ポイントはいったいどこにあるのか、そのようなことを自問自答しながら学習してください。

テキストレベルの勉強はほどほどにして、演習を中心に勉強する

特に労働基準法は、問題集など演習中心の勉強を心掛けてください。テキストレベルの知識では、到底本試験には太刀打ちできません。いくらテキストの内容を熟知していても、本試験ではテキスト通りのストレートな問題はほとんど見受けられないからです。**演習を通して様々な問題に慣れることが大切**です。答案練習や模擬試験、そして直前対策などを通じて幅広く問題を解くことをおすすめします。

勉強しやすいからこそ、勉強はほどほどに

勉強しやすい科目であると同時に勉強しがいのない科目、それが労働基準法の特徴です。この科目の場合、勉強しやすいからということで、ついつい過剰に勉強する受験生がいます。「過剰に？」そう、過剰にです。

当たり前の話ですが、勉強することは何も悪いことではありません。ただそれは時間が無限にある場合、という条件付きです。しかし、何かしらの職業を持っている受験生がほとんどですから、受験勉強にあてることができる時間も限られます。

労働基準法は、残念ながら勉強に比例して本試験での得点が稼げる科目ではありません。

勉強という行動と得点という成果がリンクしにくい科目なのです。もちろん、最低限の勉強はする必要がありますが、ガッツリする必要はなく、実はほどほどの勉強でＯＫなのです。そして本試験でほどほどに得点できれば労働基準法の攻略は成功なのです。

勉強時間は有限です。限りある時間を効率的に配分することも、受験に勝つためには重要な戦術です。労働基準法にあまりのめり込まないようにすることが、逆に労働基準法を勉強するうえでのポイントなのです。

ニュースの労働事例を教材にして労働基準法を解く目を養う

ところで、皆さんは受験生でしょうから、自宅のテレビでゆっくりニュースなどを見る時間もないかもしれませんが、実は普段のニュースからでも労働基準法の勉強ができるのです。

最近では新聞を定期購読しない方も多いようですが、このご時世、インターネットはしますよね。日々のニュースでもいいですし、検索サイトなどで「労働　ニュース」などのキーワードで検索すると、簡単に様々な労働ニュースを見ることができます。例えば、このようなニュースの見出しを見つけるのではないでしょうか。

実際のニュースで知識を増やそう

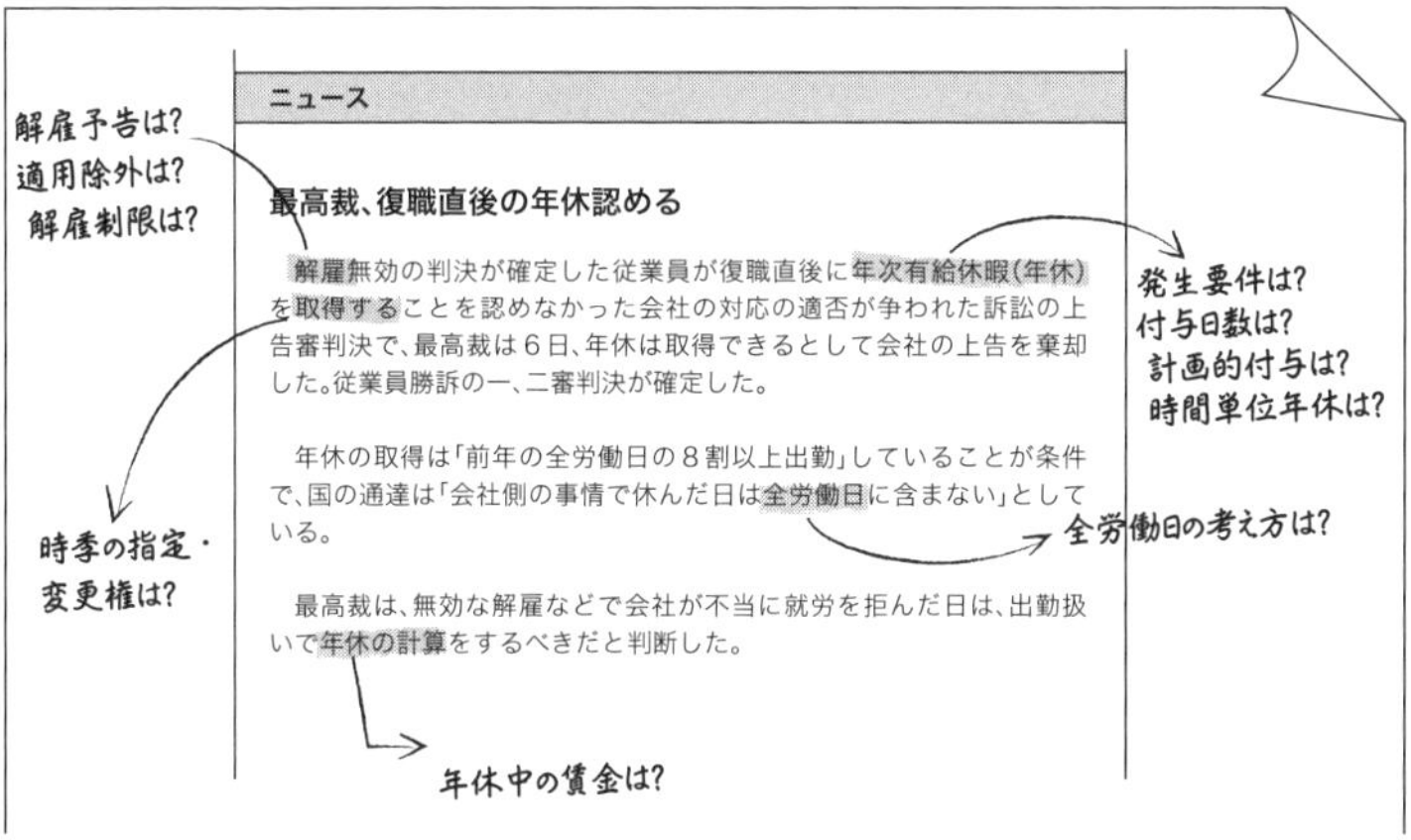
ニュース
最高裁、復職直後の年休認める
解雇無効の判決が確定した従業員が復職直後に年次有給休暇(年休)を取得することを認めなかった会社の対応の適否が争われた訴訟の上告審判決で、最高裁は6日、年休は取得できるとして会社の上告を棄却した。従業員勝訴の一、二審判決が確定した。

年休の取得は「前年の全労働日の8割以上出勤」していることが条件で、国の通達は「会社側の事情で休んだ日は全労働日に含まない」としている。

最高裁は、無効な解雇などで会社が不当に就労を拒んだ日は、出勤扱いで年休の計算をするべきだと判断した。

解雇予告は?

適用除外は?

解雇制限は?

発生要件は?

付与日数は?

計画的付与は?

時間単位年休は?

時季の指定・

変更権は?

全労働日の考え方は?

年休中の賃金は?

■パワハラ相談が急増
■大丈夫か、過労自殺に対する企業認識
■建築業者を労働基準監督署が書類送検「労働安全衛生法違反の疑い」
■解雇の金銭解決「秋にも議論」
■幹部職員の給与カットは4月で終了
■最低賃金の引き上げ要請へ
■関連子会社の社員を半減
■最高裁、復職直後の年休認める

etc.

少し検索しただけで、労働基準法関連の記事がぞろぞろと見つかるはずです。それらの記事をネタとして、**法律的にはどのように対処しなければならないのか、そもそも法律に抵触しているのか、明確な違法性が存在するのか、あるいは単に民事的な問題なのか。**このように考えることでも、労働基準法の受験勉強になります。テキストの内容以上に、ニュースなど実例を使うほうがより身近に法律を学べると思いますし、実践的な学習ができるわけです。実際に記事をプリントアウトして、関連知識や調べることを書き込んでいくと、より効果的でしょう。

このような勉強法は、前述した「暗記するのではなく理屈・本質を理解する」ことにつながり、受験勉強として非常に効果的だといえます。

2 捨てられない労働安全衛生法への取り組み方

受験科目の中で、あなたが一番苦手・不得意な科目は何ですか？

それは、労働安全衛生法だったりしませんか？

初受験組、再受験組ともに労働安全衛生法を不得意科目にしている受験生が多くいます。労働者を守る大切な法律ですが、かなりマニアックな内容だからでしょう。

余談ですが、労働基準監督署内でも、この労働安全衛生法を熟知している職員はごくごく少数です。労働基準監督署へ労働安全衛生法関連の相談に行くと、いつも六法や手引書、解説書などを片手に対応されます。労働安全衛生法の専門家という点でいえば、おそらく署内に一人いるかどうかというレベルだと思います。ある意味、それくらいマニアックな科目だということですね。

そういう面もあり、受験生の中には労働安全衛生法を捨て科目として捉え、ほとんど勉強しない方もいます。春先頃に受験勉強をスタートさせ短期合格を目指している受験生などによくあるケースです。でも、これは非常に残念なことですし、危険な行為なので、受験戦略上、絶対にやってはいけないことです。

労働安全衛生法を捨てる受験生の言い分はきっと次のようなものです。

「労働基準法とセットで出題されるので、労働基準法で得点すればいい。そうすれば、労働安全衛生法で仮に0点だったとしても何とかなる」

本試験を経験している再受験組の方は、おそらくそのような発想はないと思いますが、何とかなると考えている初受験組の方に向けてあえていいます。

何ともなりません！

労働安全衛生法の代わりに労働基準法で得点を稼ぐ。そもそもこの発想がNGなのです。ご説明したように、労働基準法は、あなたが考えているよりも意外と得点できない科目です。一度本試験を経験すればわかります。本当に得点しづらいですから。

模擬試験や直前対策講座で高得点をとれていても、本試験の択一式で4点とれないということも十分あり得るお話です。4点未満ということは、いわゆる救済措置（科目の難度により合格ラインが変動する措置）がなければ、足きりに引っかかるわけです。つまり、不合格です。他の科目でいくら高得点をとれていたとしてもです。

そこで、労働安全衛生法が重要なのです。この科目は、確かに配点ウエイトは低いのですが、だからといって、捨て科目にしてはいけません。足きり対策上とても大事な科目なのです。労働基準法で得点を稼げない場合、**この労働安全衛生法で1点でもとれるかどうかが合否の分かれ目になることがあります。**私がまさにそうでした。

労働基準法は、自分自身では得意な科目のひとつでした。模擬試験でも、しっかりと得点できていた科目でした。しかし、本試験では択一式で3点しか得点することができませんでした。ちなみにこの年の救済には労働基準法の択一式は入りませんでしたので、この点数では不合格。そうなれば、このように本書を通じて社労士試験勉強法をお伝えすることもできなかったかもしれません。私が合格することができたのは、労働安全衛生法に救われたからといっても、過言ではありません。労働安全衛生法でもしも0点だったら、総得点で8割程度とれているとしても、不合格だったわけなのですから。

労働安全衛生法は、足きり対策の救世主的な科目です。捨て科目にすることなく、取り組んでもらいたいと思います。

「でも、労働安全衛生法は難しいよね」

という声が皆さんから聞こえてきそうです。

しかし、それは完璧に勉強しようと思うから難しいと感じるわけです。あくまでも足きり対策としての勉強ですから、勉強範囲としては基本事項を押さえておけば十分です。

【押さえておきたいポイント】

- 安全衛生管理体制
- 機械等及び有害物に関する規制
- 安全衛生教育
- 健康診断
- 計画の届出

労働安全衛生法の勉強方法についても、少しお話ししておきます。2章6項では、「サブノートをつくっても結局はダメノートになるのがオチですよ。合格するために、サブノートは必要ありません」とご説明しました。そのことは間違ってはいませんが、ただ労働安全衛生法は例外です。

なぜなら、

・テキストをただ読んでも理解しづらい科目であること

・押さえなければならないポイントが、ある程度絞られている科目であること

という特徴が、労働安全衛生法にはあるからです。ぜひ「表」中心のサブノートをつくってください。

例えば、健康診断を例にとると、左ページような図になります。

このように表中心のサブノートを作成しておけば、いつでも、どこでも、すぐ手に取って見ることができるため、効率的に勉強できるわけです。また、テキストをだらだらと読んで勉強するよりも、**イメージしやすい表を中心に勉強するほうが、効果的**だといえます。

「健康診断」を表にした例

	雇入時の健康診断	定期健康診断	特定業務従事者の健康診断
対象労働者	常時使用する労働者		特定業務に常時従事する労働者
実施時期	労働者を雇い入れるとき	1年以内ごとに1回、定期に	・配置替えの際 ・6月（胸部エックス線検査及び喀痰検査については1年）以内ごとに1回、定期に
検査項目	① 既往歴及び業務歴の調査 ② 自覚症状及び他覚症状の有無の検査 ③ 身長、体重、腹囲、視力及び聴力の検査		
	④ 胸部エックス線検査	④ 胸部エックス線検査及び喀痰検査	
	⑤ 血圧の測定 ⑥ 貧血検査 ⑦ 肝機能検査 ⑧ 血中脂質検査 ⑨ 血糖検査 ⑩ 尿検査 ⑪ 心電図検査		

3 得意科目をつくってモチベーションをキープ

社労士試験において、不得意科目をつくることは命取りとなりますが、一方、**得意科目をつくることは極めて有効**です。

それではいったいどの科目を得意科目にすればいいのでしょうか？

「雇用保険法や一般常識？」

いえいえ、違います。勘のいい方はおわかりでしょうが、その答えは**年金科目**なのです。

その理由は極めてシンプルです。択一式の場合、国民年金法と厚生年金保険法で各10点ずつ、合計20点の配点があります。これが理由のひとつです。択一式の合格基準点を仮に45点だとすると、国民年金法、厚生年金保険法で各々9点得点できた場合、年金科目だけで18点となり、この**2科目だけで択一式の合格基準点の40％を占める**ことになります。

択一式に7科目あるうちの年金科目の2科目で、合格基準点の40％を占めてしまうのですから、年金科目を得意科目にしない手はないですよね。

さらに、もしも年金科目で満点（20点）をとることができれば、その比率は約44%にもなるわけです。**年金科目は、何が何でも高得点をとらなければ損なのです。**

「年金科目を得意科目にしなければいけないというのはわかるけど、年金はややこしい」と、もしかすると思っていませんか？

年金科目を勉強している初期の段階では年金自体の実感がわかず、暗記しなければならない数字がたくさん出てくることで、確かにややこしいと思うかもしれませんが、基本問題を中心に繰り返し解いていると、徐々に年金の仕組みがわかってきますし、いつの間にか問題もサクサク解けるようになっていたりします。これは本当の話です。

年金科目で満点（20点）をとることは、確かに難しいかもしれませんが、8割、9割の16点、18点ぐらいは、まじめに勉強すれば十分に狙える範囲です。

本試験での年金科目は、比較的基本問題を中心に構成されている傾向がありますので、年金の基礎力があれば得点に結びつくわけです。

年金科目は、コツコツ勉強すれば得点に結びつきやすい科目です。労働基準法とは異なり、いうなれば**勉強しがいのある科目**なのです。つまり、**得点を稼ぎやすい科目**ということです。これが年金科目を得意科目にしなければならない２つ目の理由です。

こんな私でも、本試験択一式の年金科目では国民年金法と厚生年金保険法とを合わせて18点獲得できたわけですから、あなただってコツコツ勉強すれば十分に高得点を狙えるはずです。

まずは年金科目に対して、苦手意識を捨てるところからはじめましょう。

4 必ず力がつく！ 択一式問題の2ステップトレーニング

ファーストステップは間違い探し

択一式のトレーニング方法としては、2ステップトレーニングをおすすめしています。「間違い探し」は、択一式の問題を解く際に皆さん常日頃実行しているはずです。例えば、「A～Eの肢の中から誤っている肢を選べ」というように。一方、正解の肢を選べとあれば、間違いの肢を探していき、消去法で正しい肢を見つけ出せばいいわけです。

ただ、この間違い探しですが、「問題文のこの辺の内容が間違っているような気がする」という感覚だけで、ただ何気なく択一式問題集を解いていることってありませんか？「この辺が間違っているような……」というレベルでは、間違い探しとしては不完全です。**間違い探しの段階では、「問題文のいったいどこが間違っているのか」を正確に探し出す必要があります。**

ただ漠然と間違いを探すのではなく、自信を持って間違いを指摘できるまでにトレーニングを積む必要があるわけです。何も間違いは問題文に1箇所だけとは限りません。2箇所あるいは3箇所以上間違っている場合もあります。

徹底的に間違いを探し出す力と根気を身に付けることが大切になるわけです。それは間違い探しを意識した普段からの努力によってのみ、養われることはいうまでもありません。

セカンドステップは正解を作成

実はこのセカンドステップが択一式の能力を向上させる決め手となります。あなたはファーストステップで間違い探しをとりあえず完了したとします。

次にしてもらうことは、**その間違いをいったいどのように訂正すれば正解の肢となるのかを頭の中でイメージする**ことです。

ある肢の文中の「速やかに」という箇所が間違っていたとしましょう。それをどのように訂正すれば正解の肢になるのかを考えます。例えば正解が「遅滞なく」ならば、問題文に書き込み、訂正してあげれば正しい肢となるようにするのです。

間違っている箇所を正しい言葉に訂正すれば、それは正しい肢になるわけです。

ファーストステップを通して間違いを見抜く能力が、そしてセカンドステップを通して正確な知識（特に言い回しや文末など）を習得する能力が高められるわけです。

択一式の演習をする際には、少し面倒くさいかもしれませんが、この2ステップトレーニングを実践してください。2ステップトレーニングを継続することで、問題を解く力が必ずつきます。

5 選択式問題は書いて覚えなさい

正確な知識は書いて覚える

選択式は、A～Eの5箇所の空欄が入った文章が記載されており、20個の選択肢の中から、空欄に当てはまるものを選択して、完全な文章にするというものです。

以前、記述式だった時代は、選択肢の中から選ぶというものではなく、正しい語句を正確に書く必要があったわけなのですが、今ではその必要もありません。あらかじめ用意された20個の選択肢の中から、正しい語句を選べばいいわけです。記述式だった頃と比べるといかにも簡単そうですね。

しかし、それが落とし穴なのです。それでは、一度、実際に問題を解いてみましょう。平成24年の過去問ですから、正答をご存じの受験生もいるかと思いますが、改めて解いてみてください（正解が書き込まれていますが、気にせず解いてください）。

いかがですか？　正しく選択することはできましたか？

正解を入れた過去問

労働者災害補償保険法

〔問　2〕 次の文中の[　　]の部分を選択肢の中の最も適切な語句で埋め、完全な文章とせよ。

1　業務上負傷し、又は疾病にかかった労働者が、当該負傷又は疾病に係る療養の開始後3年を経過した日において傷病補償年金を受けている場合には、労働基準法第19条第1項の規定の適用については、当該使用者は、当該3年を経過した日において、同法第81条の規定により[A ②]を支払ったものとみなす。

2　第三者行為災害とは、労災保険の保険給付の原因である災害が、当該災害に関する労災保険の保険関係の当事者、すなわち政府、[B ⑪]及び労災保険の受給権者以外の第三者の行為などによって生じたもので、労災保険の受給権者である被災労働者又は遺族(以下「被災者等」という。)に対して、第三者が損害賠償の義務を有しているものをいう。

労災保険法は、第三者行為災害に関する保険給付と民事損害賠償との支給調整につき、次のように定めている。

第一に、被災者等が第三者から先に損害賠償を受けたときは、政府は、その価額の[C ⑦]で保険給付をしないことができる。

第二に、先に政府が保険給付をしたときは、政府は、被災者等が第三者に対して有する損害賠償請求権を保険給付の価額の[C ⑦]で取得する。政府が取得した損害賠償請求権を行使することを求償という。

被災者等と第三者との間で、被災者等が受け取る全ての損害賠償についての[D ⑫]が、真正に、すなわち錯誤や[E ⑤]などではなく両当事者の真意により成立し、被災者等が[D ⑫]額以外の損害賠償の請求権を放棄した場合、政府は、原則として[D ⑫]成立以後の保険給付を行わない。

選択肢

① 一　部	② 打切補償	③ 加害者
④ 管理監督者	⑤ 強　迫	⑥ 決　定
⑦ 限　度	⑧ 交　渉	⑨ 最小限
⑩ 裁　定	⑪ 事業主	⑫ 示　談
⑬ 終身補償	⑭ 障害補償	⑮ 審　判
⑯ 全　部	⑰ 通　告	⑱ 同　意
⑲ 分割補償	⑳ 労働基準監督署長	

空欄A～Eまで全問正解することはできましたか？　20個の選択肢の中で、迷う肢はなかったですか？

そして、ここからがポイントです。選択式の問題を解く場合、20個の選択肢からただ選ぶのではなく、実際に書いて覚えるトレーニングをおすすめします。先ほどの過去問でしたら、左ページのような感じです。

本試験で20個の選択肢から正しい肢を選ぶことは、意外と難しいものです。しかも、20個の選択肢の中には、紛らわしい肢が混ざっています。選択式というと、用意された選択肢の中から、選ぶだけなので簡単なイメージがあるかもしれませんが、正確な知識がないと複数の肢がどれも正解に思えて、最終的には鉛筆を転がすかエイヤっと、選びがちです。

選択式の問題を解くためには、実は相当正確な知識が必要なのです。したがって、普段の勉強から、記述式のように実際書いて解くトレーニングが有効なのです。正確な知識がなければ、記述することはできませんし、記述するトレーニングを積み重ねることで正確な知識が定着します。「書いて覚える」、これをぜひ実践してみてください。

正解の語句を記述した過去問

労働者災害補償保険法

〔問　2〕 次の文中の［　　　］の部分を選択肢の中の最も適切な語句で埋め、完全な文章とせよ。

1　業務上負傷し、又は疾病にかかった労働者が、当該負傷又は疾病に係る療養の開始後3年を経過した日において傷病補償年金を受けている場合には、労働基準法第19条第1項の規定の適用については、当該使用者は、当該3年を経過した日において、同法第81条の規定により［A］打切補償 を支払ったものとみなす。

2　第三者行為災害とは、労災保険の保険給付の原因である災害が、当該災害に関する労災保険の保険関係の当事者、すなわち政府、［B］事業主 及び労災保険の受給権者以外の第三者の行為などによって生じたもので、労災保険の受給権者である被災労働者又は遺族(以下「被災者等」という。)に対して、第三者が損害賠償の義務を有しているものをいう。

労災保険法は、第三者行為災害に関する保険給付と民事損害賠償との支給調整につき、次のように定めている。

第一に、被災者等が第三者から先に損害賠償を受けたときは、政府は、その価額の［C］限度 で保険給付をしないことができる。

第二に、先に政府が保険給付をしたときは、政府は、被災者等が第三者に対して有する損害賠償請求権を保険給付の価額の［C］限度 で取得する。政府が取得した損害賠償請求権を行使することを求償という。

被災者等と第三者との間で、被災者等が受け取る全ての損害賠償についての［D］示談 が、真正に、すなわち錯誤や［E］強迫 などではなく両当事者の真意により成立し、被災者等が［D］示談 額以外の損害賠償の請求権を放棄した場合、政府は、原則として［D］示談 成立以後の保険給付を行わない。

6 4月・7月に受験生へ襲いかかるモチベーションの罠

モチベーションが下がること、私はこれを「罠」と呼んでいます。そして、この罠は1年の受験期間を通じて2回、訪れます。

12月頃から受験勉強をスタートしている場合は、4月と7月にこの罠は訪れます。

4月にモチベーションが下がる理由

まず、4月にモチベーションが下がる1つ目の理由は、**学習がほぼ一回転して、知識が頭打ちとなるから**です。この時期、労働基準法や労働安全衛生法、労働者災害補償保険法から一般常識まで一通りの学習を終えることが多く、勉強することへの新鮮味が薄れ、またこれから何を勉強していけばいいのかが見えなくなるのです。

2つ目の理由は、**知識向上への欲求が薄れる**からです。ある程度の知識が身に付いたと勘違いして、より深い知識の習得への向上心が薄れ、だらだら勉強に陥ってしまうのです。その結果、モチベーションが下がるというわけです。

アウトプットに全力投球すべし

4月にモチベーションが下がることを回避するには、アウトプットしかありません。**問題演習を繰り返すことで知識のプラスアルファが図れます**。一通りの学習を終えて、知識が身に付いたと思っていても、問題演習をする中で新たな気付き（苦手なところや覚え間違いしていたところなど）を発見できるはずです。

気付きを得られることができれば、知識向上への新たな欲求も生まれてくるというもの。アウトプットに全力投球して、モチベーションをうまくコントロールしていきましょう。

7月にモチベーションが下がる理由

次に、7月にモチベーションが下がる理由です。

その1つ目の理由は、**模擬試験を受験して、その後勉強することがなくなるから**です。模擬試験を受験して、自己満足してしまう場合があるのです。特に模擬試験の成績がよかった場合はなおさら要注意です。本試験本番に向けて、実はまだまだしなければならない勉強があるというのに、ついつい模擬試験で自己満足してしまうわけです。**燃えつき症候群**というものです。

2つ目の理由は**合格を諦める**からです。この時期、せっかく今まで勉強してきたのに合格を諦める受験生がちらほらと出てきます。模擬試験の成績が悪いと、本試験まであと2ヶ月程度しかない中で、「どうせ勉強しても無理（不合格）」という気持ちが強くなってしまうのです。

いわゆる戦わずして敗れるというパターンです。これは本当にもったいないことです。読者の皆さんは大丈夫だと思いますが、このパターンに陥る受験生は、けっこういるので、要注意です。

復習に全力投球すべし

この7月を乗り越えるために、**過去問題、答案練習、模擬試験など、今までいろいろと演習を積み重ねてきたと思いますが、それらを徹底的に振り返り、復習**してみてください。

それがあなたのやることです。復習することで、以前よりも力がついている（能力が上がっている）ことを実感できる方もいるでしょう。またそれが合格への自信にもつながる

受験生に襲いかかる罠とは

**罠は2回
やってくる！**

↓

12月頃に勉強をスタートしたら、4月と7月

4月

- 授業がほぼ一回転して、知識が頭打ちとなる
- 知識向上への欲求が薄れる

解決策

アウトプットに全力投球

7月

- 模擬試験を受験して、やることもなくなる
- 合格への諦め

解決策

復習に全力投球

わけです。

諦めることは簡単ですし、誰だってできることです。せっかく今まで頑張ってきたのですから、最後まで合格を諦めないで勉強しましょう！

7 目的&習慣は勉強時間に勝る

社労士試験を合格するためには、いったいどのような要素が重要なのでしょうか？　もちろん、重要だといわれる箇所を効率よく勉強していくことも大切ですし、ある程度の勉強時間を確保することも当然必要でしょう。

しかし、果たしてそれだけで十分なのでしょうか？　私は決してそうではないと考えています。効率的に勉強することや勉強時間を確保することは、とりわけ多くの受験生が意識しています。ここで、勝利の方程式を思い出してください。

「合格＝品質×時間×目的×習慣」

合格するためには、正しい方向や手法で効率よく勉強する品質と勉強時間、それに加えて社労士を受験する目的、及び勉強する習慣とが大きく関係しているのです。

目的や習慣について、皆さんのレベルはいったいどの程度なのでしょうか？

普段の勉強に流されて、目的や習慣を意識することや、もしかすると関心すらないという場合もあるかもしれません。しかし、私は**目的や習慣はある意味、勉強時間にも勝る面がある**とさえ実感しています。そこで、社労士試験を受験するうえで、目的を持つこと、及び勉強する習慣を持つこと、その重要性についてお話しします。

あなたはなぜ受験するのか？　なぜ合格したいのか？

あなたはなぜ社労士に合格したいのですか？　その理由について、真剣に考えたことはありますか？

例えば、

- 人事労務専門の独立系士業として活躍したい
- 人事系職種への転職を果たしたい
- 社内的にキャリアアップを図りたい

などなど。その理由は千差万別だと思います。国家資格である社労士試験に挑もうとするくらいですから、何らかの理由はあるはずです。

この理由だから「いい」とか、この理由だから「ダメ」とか、そのようなことをいうつもりはありませんし、本来、理由に良し悪しなんてありません。

ただ、「なんとなく社労士になりたい」とか「とりあえず社労士になりたい」という理由だけはやめて欲しいのです。

つまり、理由自体が明確であればいいのですが、そうではなく、**理由があやふやで漠然としている、これが悪いケースなのです。**

最近の独立ブームにのってかどうかはわかりませんが、社労士登録後即開業という方が増えているような印象を受けます。それに触発されてか、社労士になりたい理由を受験生に聞くと、「なんとなく独立したいから」「とりあえずサラリーマンを辞めたいから」という声をよく耳にします。

「なんとなく」や「とりあえず」も、それは理由のひとつといえるかもしれませんが、理由としては漠然としていて何か弱気さや消極的な部分がうかがえます。残念なことに何年も何年も合格できずに社労士試験という魔力（魅力？）にとりつかれ、負の受験スパイラルでさまよっている受験生も現実にはたくさんいます。

社労士試験で合格を勝ち取るためには、弱気さは必要ありませんし、むしろそのような気持ちはマイナスでしかありません。それは社労士になりたい理由であっても同じです。強く、積極的な理由を持ちましょう。

受験勉強の間、モチベーションを常に高く維持するのは容易なことではありません。勉強に対して高いモチベーションを維持するにはどうすればいいのか？　そのために受験動機が必要になるわけなのです。

「なんとなく独立したい」。その気持ちはわかりますが、ではなぜ独立したいのか。そして、独立してどのようなビジョン（社労士像）を描いているのか。そこまで突っ込んで考えて欲しいのです。

例えば、今置かれている現状を分析し、そこから問題を抽出。それを解決するためには、**社労士になるしか道はない！**　というくらいの、何か**必然性を帯びたようなもの**（理由）。そのようなものがあれば、受験生活も楽しく前向きに取り組め、自分は絶対に合格しなければならないという強い決意がみなぎってくるはずです。

私が社労士を目指した理由はいたって単純です。でも、その単純な中にあっても必然性がありました。

当時、私は人事コンサルタントをしていました。「コンサルタント」といえば、何か格好よさそうというイメージがあるかもしれませんが、コンサルタントなんて、いわば誰でも名乗れる職業です。

一番重要なのは、コンサルタントとして仕事を受注できるかどうかです。実はこれが難しいわけです。仕事の獲れないコンサルタントが世の中になんと多いことか、ご存じでしょうか。私自身も常にそのような悩みや不安を抱えていました。つまり、受注活動に苦しんでいたわけです。なぜ受注できないのか、その大きな理由のひとつは信用面に他なりませんでした。

たいした資格もない20代の若造が、経営者に対して「おたくの人事制度上の諸問題を解決します」といっても、いったい誰が信用するのでしょうか。自分でいうのもおかしな話ですが、仮に私が逆の立場であっても、そう簡単に信用しないと思います。コンサルタントという職業は、信用商売です。信用がなければ、当然仕事を受注できるはずもありません。何かしらの信用が必要なのです。20代という年齢はどうしようもありません。でも、肩書き面を強化することはできます。

そこで資格の取得を真剣に考えたわけです。人事・労務系の国家資格＝社労士。いたって単純な理由です。

しかし、ここから後に引くわけにはいきませんでした。というのも、社労士試験に不合格という結果になれば、信用も上がらない ⬇ 受注も獲りにくい ⬇ 収入ダウンの可能性 ⬇ 生活も苦しくなる、という感じになるわけですから。

私としても、それはもう必死に勉強しました。「社労士合格しか道はない！」と、追い込まれた感じです。しかし、それによって社労士受験の明確な目的や社労士に対する強烈な願望を抱き続けることができたわけです。

このような明確な目的があったからこそ、勉強嫌いの私でも受験生活を送ることができたと今でも思っています。受験勉強に嫌気が差した時、社労士受験の目的を思い出しては、何度勇気をもらったことでしょう。「なぜ受験するのか」「なぜ合格したいのか」、その理由（目的）を考えることは決して無駄ではなく、今後受験生活を送るうえで大切なことなのです。

では、あなたはなぜ社労士になりたいのですか？　その理由を一度深く考えてみてください。

習慣は力なり

あなたは勉強する習慣がついていますか？　この1週間で勉強しなかった日はありませんか？　また、この1ヶ月ではどうですか？

勉強する習慣をつけるということは、勉強しない日をつくらないということです。口でいうことは簡単ですが、いざこれを実践するとなると難しいものです。

あなたの周りには様々な誘惑がありませんか？　例えば、飲み会、デート、買い物、レジャーに旅行などなど。このような環境の中でも勉強し続けなければなりません。これを継続することが習慣につながるわけです。

何も毎日3時間勉強しなさいといっているわけではありません。1時間だけでもいいのです。また時間のない忙しい日などは30分でもいいですし、極端な話、問題を1問解くだけでも構いません。とにかく、毎日毎日勉強するその習慣や姿勢に価値があるのです。

精神論をとやかくいうつもりはありませんが、やはり習慣は力なりです。毎日勉強しても、自分自身それほど力が付いていないと感じるかもしれませんが、決してそうではなく必ず力が付いてきているはずです。自分で気が付かないだけなのです。

一見すると遠回りしているように感じるかもしれませんが、コツコツ、コツコツとその積み重ねが社労士受験には必要なのです。なぜなら、そのような積み重ねがやがては習慣となり、そしてその習慣が自信にもつながるからなのです。

8 答案練習の効率的な学習法

答練中の時間の使い方について

答案練習（以下、答練）の効率的な学習法については、大きく2つの切り口があります。1つ目の切り口は**「答練中の時間の使い方」**、そして2つ目の切り口は**「復習の仕方」**です。

早速、時間の使い方についてお話しします。実際に答練を受けるとわかることですが、設定された演習時間は十分にあり、ただ単に問題を解くだけでは、時間が余ります。

そこで、ひとつ問題です。

今、あなたが資格学校の教室で答練を受けていると仮定して、あなたは答練の問題をすべて解き終えたとします。しかし、時計を見ると、まだ時間に余裕があります。この場合、あなたが取るべき行動はどれでしょう。次のA～Gの選択肢のうちからより適切なものを1つ選んでください。

A：とりあえず答練も解き終えたことだし、今のうちにひと眠り、ひと眠り
B：答練も簡単だったことだし、気分転換のためドリンクタイムやたばこ休憩でも
C：頭を回転させるため、出題された論点について思いつくまま関連事項を書きまくる
D：問題とともに解答ももらっているので、答え合わせもこの時間にしてしまう
E：常に真剣勝負、ケアレスミスがないかチェック。見直し、見直し
F：復習のため、出題された論点についてテキストで確認フォロー
G：時間短縮のため解答をもらい、帰宅して復習

どうですか？　適切な選択肢を瞬時に選べますか？　社労士試験の択一式の試験は5択ですので、ひょっとすると今回の問題（7択）のほうが難しいかもしれませんね。しかし、今回の問題であれば、3つまでは簡単に絞り込めるはずです。

「早く答えを教えて！」とお叱りを受けそうなので、答えをいいます。

正解は「C」です。あなたは正解しましたか？

正解したあなた！　素晴らしいです。しかし、正解しただけでは単なるクイズに終わっ

てしまいます。出題された論点について思いつくまま関連事項を書きまくるといっても、単に書きまくるだけでは独り言のつぶやきオンパレードになってしまいます。書きまくるにもコツがあるのです。

そのコツをお伝えする前に……、そもそもなぜ正解が「C」なのか、気になりますよね。その理由についてまず説明していきます。

最初に「A」と「B」の選択肢についてですが、いくら答練の問題をすべて解き終えたとしても、このような行動を取るようでは話になりません。もしも、あなたが「A」あるいは「B」の選択肢を選んだのであれば、今すぐに考え方を改めてください。

【Aについて】

あなたがひと眠りしている間にも他のライバルたちは一歩、いや何歩も先に進んでいるのです。何も眠いのはあなただけではありません。本試験でも、ひと眠りするつもりですか？　しっかりしてください。

【Bについて】

気分転換のためにドリンクタイムやたばこ休憩をしたければ、通常の休み時間にしてください。何も答練中の、せっかく勉強モードに入っている状態の時にわざわざ気分を入れ換える必要なんてまったくありません。勉強モードでガンガン行くべきです。

【Dについて】

解答があれば、今すぐに答え合わせをしたくなる。その気持ちはわかります。しかし、一般的に答練の後半には講師からの解答・解説があります。それを考えると、今すぐに答え合わせをする必要はありませんし、仮に答え合わせをしてもそれは結果的に時間の無駄になるだけです。さらにいえば、単なる答え合わせをする程度では、復習したことにはまったくなりませんので、答練に対する付加価値もありません。

【Gについて】

時間短縮のため、解答をもらい、とっとと帰宅して復習、を選んだ方もいるでしょうが、まず時間短縮効果は結果的に得られないと考えて間違いないです。これは断言できます。その場では、帰宅して即復習しようと意気込んでいても、帰宅すればあとの祭りです。復習のことなど、きれいさっぱりと頭から抜けていることでしょう。少なくとも、真剣に復習する意識があれば、自習室へ直行！　くらいの行動を取るべきです。「帰宅後に復習する」などという甘い考えはくれぐれも持たないようにしてください。

残る選択肢は、C、E、そしてFの3つです。センスのよいあなたならば、この3つまでは簡単に絞り込めたかもしれませんね。さて、ここからの絞り込みが重要です。一つひとつ選択肢を検証していきましょう。まずはEからです。

【Eについて】

ケアレスミスがないか、見直しすることは非常に大切です。ただこれは本試験での場合であり、少なくとも答練では見直しをする必要はありません。時間の無駄です。

【Fについて】

もし、Cの選択肢がなければ、Fでも一応正解かもしれません。でも「一応」というレベルです。というのも、そもそも復習は講師からの解答・解説の中ですべき行動ですし、またテキストでフォローするという行為は効率的な学習ともいえません。答練の復習をする際には、私はテキストをあまり見ないように心掛けていました。
もちろん、忘れている場合や記憶が曖昧な場合には、テキストに戻って周辺知識を含め、確認作業などのフォローを行ないましたが、すでに理解・暗記している箇所まで丁寧にテキストで確認しても意味がありません。勉強したという錯覚に陥るだけです。

結論。消去法により、Cが正解となるのです。

思いつくまま関連事項を書きまくるコツ

では、正解の「C：出題された論点について思いつくまま関連事項を書きまくる」コツをお伝えします。キーワードはリンク式学習法です。つまり**横断学習**のイメージです。例をあげて説明しましょう。

雇用保険法について、資格取得（日雇除く）の届出期限が出題あるいは文中に記載されていたとします。その場合、「翌月10日までに」が正解となりますが、では日雇は？　届出先は？　どうでしょうか？

文中で記載されている内容を教材に、関連事項を頭の中で回転させ、答練の問題用紙の余白などを活用して書きまくるのです。これがあなたのやるべき作業です。

例えば、雇用保険の資格取得（日雇除く）の届出期限に関してリンクさせてみます。

リンク1：期限は？ ➡ 翌月10日までに
リンク2：日雇の期限は？ ➡ 5日以内に
リンク3：日雇の届出人は？ ➡ 本人
リンク4：日雇の届出先は？ ➡ 居住地を管轄する公共職業安定所長

関連事項の掘り下げレベルや、リンク付けの仕方などはいろいろあると思いますが、**大切なことは方法論ではなく、常に関連事項を意識してトレーニングするということ**です。

関連事項の論点について頭を回転させることで、理解・暗記が深まり、さらにそれら（ポイント）を書きまくることで知識が定着しやすくなります。慣れてくれば、わざわざ書きまくる必要はなく、頭を回転させる（イメージトレーニング）だけでも、十分効果的です。

リンク式学習法を実践することで、知識のクモの巣（ネットワーク）が徐々に形成されます。最初は知識漏れの多い密度が薄いクモの巣でしょうが、やがては漏れのない密度の濃いクモの巣となることでしょう。答練だけではなく、過去問やその他の問題を解く際にも、リンク式学習法を取り入れてみてください。

復習の仕方について

答練の解答・解説が終了した時点で復習も完了している状態。その状態が出来上がればベストです。とはいっても難しいでしょうから、次のように取り組んでください。

答練の解答・解説が終了した時点で、復習が未完了の場合には、居残ってその場（教室）で復習を完了させる。あるいは自習室へ直行して復習を完了させる。教室でも自習室でも場所はどちらでも結構です。**「復習を完了させるまでは帰宅しない」**この粘りが重要です。単なる答え合わせをする程度では、復習したことにはなりません。

それでは復習の仕方について具体的に解説していきましょう。ポイントは次の3つです。

①講師の話は真剣に聞け！

解答・解説の中で、講師から「ここが重要！」とか「今回の問題では○○だが、例えば△△の場合には、このように考える」など、様々な情報が提供されると思います。一言一句聞き逃さないように、すべてを吸収してやる！　くらいの集中力を持って臨んでください。

②正解した問題は解説文の流し読みでOK

正解していた問題については、解説文をさらっと流し読んで、自分の知らない情報、つまりプラスアルファできる情報があれば、それを吸収する程度でOKです。

③間違った問題はその原因に応じて対策を打つ

間違ってしまった問題については、当然ながらしっかり復習する必要がありますが、間違った原因により復習の仕方は次のように異なります。

【原因１：知らなかった】

この場合は簡単です。暗記すれば解決します。解説を読んで、自分の知識を増やしていきましょう。

【原因２：単なる勘違い】

この場合は少しやっかいです。答練ですから単なる勘違いで片付けられますが、本試験ではそうはいきません。単なる勘違いが合否を左右するのです。問題と解説を再度じっくり読んで、なぜ勘違いしたのかを自分なりに考えましょう。二度と同じ間違いを繰り返さないためにです。

【原因3：完全な記憶違い】

この場合はかなりやっかいです。完全な記憶違いをするということは、つまり、その論点に対するあなたの常識（理解）が間違っているということです。常識を軌道修正する必要があります。しかし、これがなかなか難しいことで、常識を軌道修正したつもりでいても、また同じような問題を解いていると、ついつい自分の中で根付いているこれまでの間違った常識で正誤判断してしまうわけです。このような場合、当面は新常識を定着させるために、同じような論点の問題を繰り返し、注意深く解くトレーニングを行ないましょう。

正しい復習の仕方が、正しい知識を植え付けます。効率よく知識を取り入れるためにも、不正解だった問題の復習は丁寧に行ないましょう。

4 章

モチベーションキープが決め手！
勉強後期の合格メソッド

1 合格するための模擬試験活用法

一般的に、受験専門学校で5月～7月に開催される模擬試験。模擬試験を受けるのに、受験勉強の完成度合いを測るための、ちょっとした腕試し的意味合いで臨まれる受験生もいるかもしれませんが、それは大きな勘違いです。もしも、模擬試験をそのようにしか捉えていないのであれば、合格までの道のりはまだまだ遠いといえます。

ずばり、**模擬試験は、予備本試験と意識するべき**です。

まず模擬試験に対する意識を変えなければなりません。「意識」が変われば「考え方」も変わりますし、「考え方」が変われば自ずと「行動」も変わってくるからです。

わざわざお金を払ってまで受ける模擬試験ですから、事前に計画を立てて準備（勉強）を進め、模擬試験といえども本試験を受けるつもりで真剣に臨んでもらいたいものです。

そのためにも目標設定をしなければなりません。初受験組、再受験組とも目標を設定してください。

目標はトップ1割以内！

目標を設定するとは、模擬試験での成績数値目標を設定するということです。ではいったいどのレベルの目標設定が必要なのでしょうか。初受験組、再受験組にかかわらず、択一式試験については、成績上位者10％以内に入ることを目標に設定してください。つまり、成績上位組1割以内ということです。

なお、選択式試験については上位数％という明確な目標設定は特に必要ありませんが、少なくとも各科目3点以上は確保してください。そうでないと、いくら択一式試験で高得点をとることができても、いうまでもありませんが、足きりに引っかかってしまいますから。ただ、トータルでは8割の計32点を目指してもらいたいですね。

模擬試験の結果に対するその後の取り組みについて

【成績上位者10％以内（目標クリア）の場合】

目標をクリアすることができて達成感を感じていることでしょう。よく勉強されています。非常に優秀です。

この目標をクリアした初受験組のあなたには、ほとんどアドバイスすることはありません。次回、次々回の模擬試験でも再び目標をクリアすることでしょう。自分を信じて、その調子で勉強を継続してください。そうすれば、本試験でもよい結果が得られることと思います。

一方、再受験組のあなたには、その後の取り組みについてアドバイスをしておきます。それは「手を抜くな！」ということです。今回は目標をクリアすることができましたが、次回、次々回も再び目標をクリアすることができますか？　今回よりも次回、そして次回よりも次々回と、目標達成への難易度は確実にアップしていきます。その理由がわかるでしょうか。

それは**初受験組の追い上げ（猛攻）があるから**です。初受験組の成長スピードはとてつもなく速く、再受験組のそれよりもはるかに勝ります。再受験組には過去に勉強した知識の貯金があるため、模擬試験前半期には再受験組が成績上位を占めることは当たり前の話ですが、模擬試験後半期に入るにつれて再受験組と初受験組の順位・成績は大きく入れ替わります。

再受験組は今の成績に満足することなく、手を抜かず勉強し続けることが極めて大切なのです。勉強のペースを下げることなく、むしろもっと上げるくらいの意気込みが欲しいところです。

【目標をクリアできなかった場合】

残念ながら模擬試験で成績上位者10％以内に入ることができなかった場合はどうなのでしょうか。確かに目標をクリアできなかったわけなのですが、それほど深刻になる必要はありません。ただ、その後の取り組みが重要なのです。

まず取り組んでもらいたいことは、基本問題（テキストレベルの問題）の再チェックをすることです。成績上位者10％以内に入ることができない原因は様々あるかもしれませんが、しかしその原因の大半は基本問題の取りこぼしによるものでしょう。

基本問題を確実に解き、点数を積み上げる！ これが順位・成績を上げる王道です。基本的な問題にこそ細心の注意を払う必要があるのです。社労士試験の合格には、難問・奇問を解く能力はまったく必要ありませんが、基本問題を解く能力、これが必要なのです。

模擬試験&本試験ではこの順番で解こう

模擬試験や本試験の際、各科目をどのような順番で解いていけばよいのでしょうか。そのようなことを考えたことはありますか？　問題を解いていく科目の順番、択一式試験においては意外と重要なことなのです。数ある科目をいったいどの順番で解いていけばいいのか？　今から初級編、及び上級編に分けて解説していきます。

【初級編：労働保険徴収法はまとめて解こう】

択一式試験の「労働保険徴収法」についてです。これはご存じの受験生も多いと思いますが、独学で勉強されている受験生にとっては意外と見落としがちなところです。ポイントは、労働保険徴収法をまとめて解くことです。

労働保険徴収法は、労働者災害補償保険法（以下、労災保険法）と雇用保険法とに分かれて出題されています。つまり、「労災保険法➡労働保険徴収法➡雇用保険法➡労働保険徴収法」の順番で問題が構成されていますよね。これを正直に構成通りに問題を解く受験生がいます。これがまんまと作問側の仕掛けにはまっているケースです。

「労災保険法➡労働保険徴収法➡雇用保険法➡労働保険徴収法」の順番で問題を解くのは、頭の切り替えが大変ですし、その結果ケアレスミスを誘うことにもつながります。それと同時に効率的な解き方ともいえません。百害あって一利なしです。

労災保険法・雇用保険法は給付の話、労働保険徴収法は保険料の話ですから、まず労災保険法のみを解く、そして労働保険徴収法Ⓐをいったん飛ばして雇用保険法に移り、今度は雇用保険法及び労働保険徴収法Ⓑを解く、最後に飛ばした労働保険徴収法Ⓐを解く。この順番がよいと思います。

まとめると、**「労災保険法➡雇用保険法➡労働保険徴収法（労災保険法の後の飛ばした箇所を含め、まとめて解く）」**の順番で問題を解いてください。

【上級編：国民年金法➡厚生年金保険法の順番で解こう】

次は、「厚生年金保険法」「国民年金法」についてです。年金科目については、「厚生年金保険法➡国民年金法」の順番で問題が構成されています。実はこれが作問側の罠です。

年金科目は、「国民年金法➡厚生年金保険法」の順番で解くのがいいのです。

年金制度を建物でたとえるならば、厚生年金は2階部分に相当します。一方、国民年金は1階部分に相当しています。このことは、皆さんご存じですよね。

ただでさえ受験生から、ややこしいイメージを持たれている年金科目の場合、いきなり建物でいうところの2階部分である厚生年金から解くことは得策ではないですし、戦略的でもありません。2階部分から家を建てるようなもので、無茶な話です。建物を建てる際でも、基礎から順番に建てていきますよね。問題を解くという行為も、それと似ている部分があると思うのは私だけでしょうか。

まずは**1階部分の国民年金から解くことで、年金制度のベースを再確認**することができるはずです。それを**踏まえたうえで、厚生年金を解くほうが問題処理のスピードが速まります**し、ケアレスミスの防止にもつながるかと思います。

私は過去に一度だけ模擬試験において、「厚生年金保険法➡国民年金法」の順番で問

模擬試験＆本試験はこの順番で解け！

● 労働保険徴収法はまとめて解け！

● 国民年金のあとに厚生年金を解け！

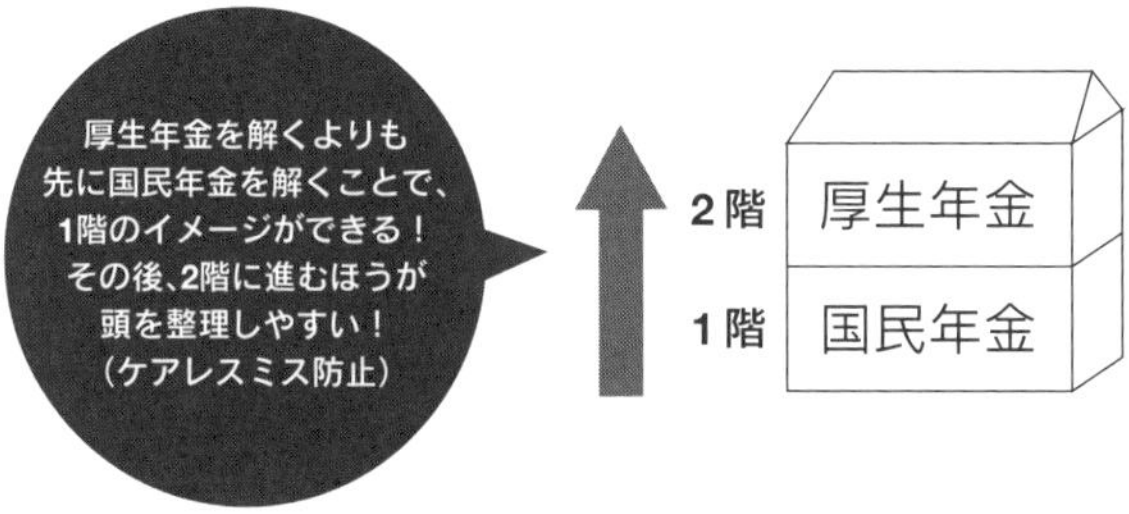
厚生年金を解くよりも
先に国民年金を解くことで、
1階のイメージができる！
その後、2階に進むほうが
頭を整理しやすい！
（ケアレスミス防止）
2階
厚生年金
1階
国民年金

参考 労働保険徴収法、国民年金法、厚生年金保険法以外の科目については、あまり解く順番は気にする必要はなく、基本的に掲載（構成）されている順番で解いていけばいいでしょう

題を解こうとしたことがあります。厚生年金の問題を見ている際に、厚生年金・国民年金の知識がごちゃごちゃになり、頭の中が真っ白になったことを記憶しています。

2階部分（厚生年金）から1階部分（国民年金）へ逆順に進もうとせずに、素直に下から上に進んでください。

この2つの問題を解く順番のコツですが、問題を飛ばしたことで、マーク（解答）する場所を間違えたり、解き忘れたりすることだけは、くれぐれも注意してください。

2 難問・奇問は間違ってもいい

前述しましたが、社労士試験に合格するためには、難問・奇問を解く能力はまったく必要ありません。多くの受験生が解ける問題をいかにミスなくクリアするのか、この基本的な能力が大切なのです。そのことをわかりやすい事例で解説します。

社労士試験の合格率は約8～9％程度と国家試験の中でも低いほうですが、次のことを知れば、あなたは社労士試験に合格することは、実はそれほど難しいことではないと理解することでしょう。

基本的な問題は絶対にミスしない

問題集が大好きなのか、様々な問題集を買い漁り、難問・奇問、つまり一癖も二癖もある問題ばかり解いている、あるいは解こうと必死になっている。このようなマニアックな受験生がいます。

難問・奇問にチャレンジすることにやりがいを見出している受験生たちのことです。ある意味、受験問題の専門家というか、職人というか……。あなたは大丈夫ですか？

しかし、**難問・奇問は気にすることはありません。**たとえ間違っても、解けなくとも大丈夫です。難問・奇問は無視してもＯＫなのです。つまり、間違っても別にいいということです（もちろん、本試験では偶然やまぐれで正解することに越したことはないですが）。

難問・奇問は不正解でもまったく問題ありませんが、正解率50％以上の問題は絶対にミスしてはいけません。実はこれが非常に大事なことなのです。

では、正解率50％以上の問題とは何でしょう。

受験生２人のうち１人が正解できる問題、受験生１００人のうち50人が正解できる問題、ということですね。

シンプルにいえば、基本的な問題ということです。このような問題を正解できずにミスすると、合格するうえでは超致命的といわざるを得ません。

というのも、基本的な問題を間違えるということは、正解率の低い難問・奇問を間違える場合とは異なり、**大多数のライバルとの間に点差が生じる**からです。この点差は非常に大きな意味を持ちます。

仮に1問でも、基本的な問題を間違えたとしたら、**その1点で不合格になるかもしれないのです。**「たかが1点」と思われるかもしれませんが、その1点が大きな差になる可能性があるのです。

繰り返しますが、難問・奇問は気にすることはありません。でも、正解率50%以上の問題は絶対にミスしてはいけません。

基本的な問題を確実に得点していくことが合格への近道

これから面白い検証をします。それは基本的な問題を確実に得点した場合、択一式試験でいったい何点ぐらいとれるのか？ という検証です。

それでは早速、検証を進めていきます。検証に使用する資料は、私が受験した平成14年当時の模擬試験を参考にしたいと思います。さてさて、どのような検証結果を得られるでしょうか。

【検証：平成14年模擬試験A　択一式試験の場合】

●正解率50％以上の問題をミスなくすべて正解した場合　➡　47点
●正解率40％以上の問題をミスなくすべて正解した場合　➡　58点

この模擬試験Aの場合、正解率50％以上の基本的な問題を確実に得点するだけで、択一式試験ではなんと！　47点獲得できていたことになるのです。

「模擬試験のレベルが簡単だったんじゃないの？」

と、思われた方。なかなか鋭いご指摘です。確かに一理あります。相対的に基本的な問題が多数出題されていた模擬試験ではありました。では、難易度が少し高かった模擬試験Bについても同様に検証してみましょう。

【検証：平成14年模擬試験B　択一式試験の場合】

●正解率50％以上の問題をミスなくすべて正解した場合　➡　32点
●正解率40％以上の問題をミスなくすべて正解した場合　➡　46点

ここで特筆すべきことは、正解率50％以上の基本的な問題を確実に得点するだけでは32

難問・奇問は無視！
ただし、正解率50%以上の問題は絶対にミスしない！

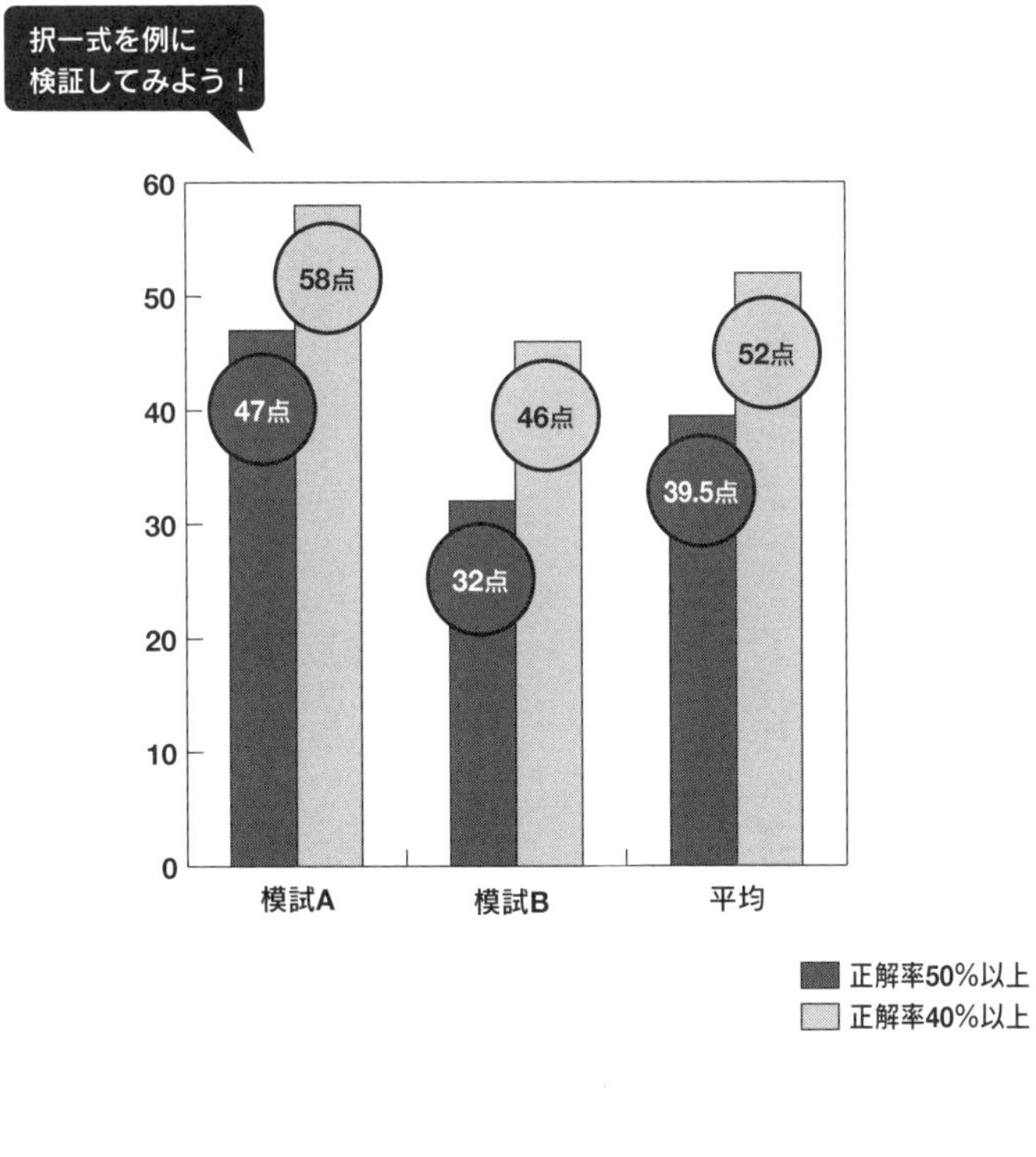
択一式を例に
検証してみよう！
60
50
40
30
20
10
0
58点
47点
46点
32点
52点
39.5点
模試A
模試B
平均
正解率50%以上
正解率40%以上

点ですが、**正解率40％以上の問題をミスなくすべて正解した場合には、46点獲得できていた**ことなのです。

正解率40％以上の問題のレベルは、決して難問・奇問のレベルではありません。むしろ基本的な問題の範疇です。受験生10人中4人も正解できる問題なのですから、基本的な知識がしっかりと定着できていれば、正解できるレベルの問題でしょう。

「いったい何がいいたいの？」

と、思われたかもしれません。択一式試験の46点という点数は、近年の本試験択一式の合格基準点に近いラインです。

つまり、択一式試験については**正解率50％以上の基本的な問題をまず確実に得点し、そのうえでプラスアルファの得点の上乗せをしていくことが受験戦略上求められる**ということです。

社労士試験の合格率は確かに高いものではありません。しかし、そのようなことは気にする必要はありません。気にするだけかえって損です。

基本的な問題を確実に得点へ結びつけていかなければならないわけで、その重要性をしっかりと認識して欲しいのです。基本的な問題を確実に得点できるようになること。それが社労士試験合格へつながるのです。

3 モチベーションを下げないためにも出題予想や噂は信じるな

出題予想は評論家の仕事

本試験日が近づいてくると、あれも出るかも？ これも出るかも？ と予想屋にでもなったつもりでヤマをはる受験生が数多くいます。これは本当に無駄なことです。あなたは受験生であり、予想屋ではありません。

出題予想は評論家に任せておけばいいことで、あなたのやるべき仕事はもっと他にあるのです。

評論家とはつまり、各受験専門学校のことを意味しています。ですから、出題予想は各受験専門学校に任せておけばいいわけで、受験生であるあなたがいちいち予想する必要はありませんし、予想するのは無意味です。

あなたは受験専門学校の講師から提供される出題予想に対して柔軟に対応すればいいの

です。

柔軟に対応するには、以下の2つのポイントを守っていただければ結構です。

① あまり神経質になるな

予想は予定ではありません。出題されない可能性も大いにあるわけです。つまり、何がいいたいかというと、予想なんてものは「ほとんど当たらない」ということです。受験専門学校などが予想する問題に対しては、右往左往したり、あまり神経質になる必要もありません。「出題すればラッキー」という感覚で、あくまでも力を入れ過ぎず、押さえておく程度で十分でしょう。

② 本筋を忘れるな！

基本的な問題を確実に得点していくことが合格への近道なのです。本筋を忘れてはいけません。予想問題などは本筋ではなく、あくまでもオマケみたいなものです。本筋である基本的な問題を確実に得点していくことにエネルギーを注いで欲しいのです。予想問題で1点とる勉強よりも、基本問題で1点とる勉強を意識してください。基本問題の得点の積み上げプラスアルファで合格できるわけですからね。

あなたの仕事は保険をかけること

「保険をかける」というと、「ヤマをはることね」という方がいますが、まったく違います。本質的に異なる考え方です。

まず、「ヤマをはる」とは、出題予想のようなもので、「ここが出そうだから、とりあえず勉強しておこうか」「今年はこの予想にかけてみようかな」など、試験に出題されそうなので行動（勉強）するという考え方です。

したがって、ヤマがはずれた（出題されない）場合のことを考えると、リスクが大きい勉強法といえます。そもそも予想問題がなかなか当たらないことは、もうお話ししましたね。ヤマをはる勉強法はやめましょう。

一方、「保険をかける」とは、試験に出題されそうかどうかにかかわらず、多数の受験生が勉強している箇所・論点については、自分も同じように行動（勉強）するという考え方です。つまり、**「安心を買う」勉強法**なのです。

「安心を買う」ということを、具体的に説明しましょう。

【ケースA】
ごく少数の受験生、例えば受験生の1割未満しか知らない箇所・論点が出題され、あなたにはその問題が解けなかった場合

【ケースB】
多数の受験生、例えば受験生の6割以上が知っている箇所・論点が出題され、あなたにはその問題が解けなかった場合

ケースA、Bとも、失点は同じ1点ですが、その重みには実は大きな差があるのです。

ケースAの場合では、たかだか1割未満の受験生との間に1点差がついただけで、何も問題はありません。受験生の1割未満しか知らないような問題は、ある意味難問・奇問で

すので、前述した通り、無視すればいいのです。

問題はケースBの場合です。**なんと6割以上の受験生との間に1点差がついた**ことになります。これはかなり重症です。

いくら他の問題で得点の積み上げを行なっても、6割以上の受験生との間にできた点差を埋めることはなかなか難しいでしょう。たとえその点差が1点だったとしてもです。というのも、他の問題で得点の積み上げができたと自分では思っていても、他の多数の受験生も同じように積み上げしており、意外に点差は埋まらないからです。

そこで仮にケースA、Bとも、保険をかけていれば、どうでしょうか。

【ケースA】

結果は変わらず失点していたかもしれません。しかし、難問・奇問ですので仮に失点しても問題ありません。

【ケースB】

多数の受験生が勉強する箇所や論点は押さえているでしょうから、おそらく得点できていたでしょう。保険をかけていた成果といえます。

多数の受験生が知っている箇所・論点について出題された場合、あなたにその問題が解けないことのないように、万一に備えて安心を買っておく（保険をかける）という勉強法が、合格には求められるわけです。

予想問題に右往左往したり、ヤマをはったりするのではなく、他の多数の受験生が勉強している基本問題をコツコツやり続けることが、保険をかけることにつながるわけですが、保険をかける勉強法の実践例を紹介しておきましょう。

【オプション講座】

例えば、受験専門学校の**法改正講座、白書講座、一般常識講座、直前対策講座**などは人気が高く、**相対的に多数の受験生が受講される**のではないでしょうか。そうであるならば、あなたもそれらの講座にはとりあえず参加されるほうがよいでしょう。

本試験に出る・出ないにかかわらず、安心を買うという観点で、オプション講座選びをしていただきたいのです。他の多数の受験生が受講している講座にはぜひ参加してもらいたいと思います。もちろん参加することで費用はかかると思いますが、参加しないリスクに比べると費用対効果は高いと思います。

【模擬試験】

どこの受験専門学校の模擬試験を受けるべきか、悩みますよね。

模擬試験を選ぶ際の判断基準はひとつです。ズバリ、**大手か否か**です。もう少し突っ込んでいうならば、**当該模擬試験のおおよその受験者数が他校と比べ多いのか、少ないのか**で判断してください。

安心を買うという観点からすれば、その模擬試験が良問で構成されているかどうかなどはまったく関係がなく（評判なども一切関係ありません）、受験者数の多い模擬試験かどうかが重要なのです。

受験者数の多い模擬試験であれば、大勢のライバルが受けるわけで、その大勢のライバルたちは模擬試験を経験することで今後自身が答えられる問題を増やすことができます。結果、あなたとライバルたちとの知識の差が開くことにもつながりかねません。

そうならないためには、どこの受験専門学校の模擬試験を受けるべきか？ 迷ったら、ぜひ受験者数の多い模擬試験から優先的に受けていくことをおすすめします。

4 モチベーションキープ！本試験直前の7つの約束

本試験まで約1ヶ月になると、待ちに待った（？）直前期に入ります。この1ヶ月間が合格を左右する上で極めて重要な時期となります。

学力が大きく伸びる時期ですし、一方、精神的には合格に対する不安や勉強に対する悩みなどが交錯し、気が弱くなる時期でもあります。

この重要な時期をスムーズに乗り切るために、あなたには7つの約束を守っていただきたいのです。

【約束1　問題集は浮気をするな】

この時期、新たに問題集は買わないことです。どうせ購入してもほとんど手をつけないでしょうから、今まで使い慣れた問題集をさらに使い続ける（復習する）ことをおすすめします。

【約束2　情報戦に負けるな】

インターネット上の社労士の受験関連の掲示板などに様々な情報が掲載されていますが、くだらない情報戦に巻き込まれないように気を付けましょう。

ネットで飛び交う情報に右往左往していても時間の無駄です。敵（ライバル受験生）の心理作戦には決して乗らないように注意してください。

【約束3　最後にもう1回転】

今まで使用した問題集、答案練習、模擬試験などを総復習してください。その際に間違ったところについては自分なりにチェックしておいて、総復習後はそのチェックした箇所を中心に再度トライ（復習）し、間違った箇所を完全に潰し込む作業を行ない、復習に次ぐ復習で追い込みをしてください。

【約束4　自習室で勉強しろ】

受験専門学校を利用されている方は、特に追い込み時期は自習室を利用すべきです。周りの受験生の雰囲気に刺激され、追い込みの際のモチベーションを上げることができます。

私の経験上ですが、直前のこの追い込みの時期に自習室で勉強すると、自分自身びっくりするくらい集中力が上がり、学習能率も向上します。

【約束5　無駄な仕事を増やすな】

仕事をされている方は、日頃けっこう無駄と思える仕事や雑用などをしていませんか？少し考えてみてください。何らかの無駄を発見できると思います。極力無駄を省き、定時で業務が終了できるように工夫して、少しでも勉強時間を確保しましょう。直前期における1分1秒という時間は意識して大切に使って欲しいと思います。

【約束6　遠方でなければ会場の下見をしろ】

私の場合、母校が受験会場でしたので、到着時間も予定通り。特に緊張することもなくリラックスした中で本試験に臨むことができ、その意味ではラッキーでした。

とかく一度も行ったことがない会場での受験というものは、移動時間の計画や昼食のことなどいろいろ気になりますよね。年1回の本試験です。一度も行ったことがない会場で受験される方は、もしその会場が遠方でなければ下見ぐらいして、本試験に臨んで欲しいものです。

本試験直前の7つの約束

① 問題集は浮気をするな！

新たな問題集は買わない

② 情報戦に負けるな！

ネットの掲示板などに振り回されず、心理作戦に負けない

③ 最後にもう1回転！

今までの総復習をする

④ 自習室で勉強しろ！

他の受験生からの刺激を受けて、集中力を高める

⑤ 無駄な仕事を増やすな！

仕事の段取りを考える

⑥ 会場の下見をしろ！

事前に移動時間や会場を確認する

⑦ 数日休みを取れ！

合格を勝ち取るため、最後の追い込みをかける時間を確保する

【約束7　数日休みを取れ】

仕事をされている方は、本試験の直前数日間ぐらいは、有給休暇などを利用してぜひ休みを取ってください。もちろん休みを利用して、勉強するためにです。

ただ、人それぞれ諸事情があり、休みの取れないという方もいるでしょう。でも、何とか工夫して、2～3日は無理でも、せめて1日だけでも休みを取れないでしょうか。泣いても、笑っても本試験はすぐ目の前です。悔いのないように直前期の受験体制を整えましょう。

5 モチベーションキープ！本試験当日の7つの鉄則

【鉄則1　朝、目が覚めたらまず感謝しろ】

さぁ、いよいよ待ちに待った本番の日です。今まで勉強面でいろいろと悩み・苦労があったでしょうが、あなたは諦めずにこの日を無事迎えることができました。

もちろん、あなた自身もこれまで合格を夢見て一所懸命に頑張ってきたでしょうが、その影には会社、友人、恋人、家族など周りの人（応援団）の協力もあったはずです。無事この日を迎えられたことをあなたの応援団に感謝してください。感謝の心を持つと清々しいものです。ぜひ澄みきった気持ちで本試験会場に向かってください。

【鉄則2　お守りは2つ以上持って行くな】

お守りとは問題集のことです。本試験当日に不安にかられて問題集を何冊もカバンに詰め込む受験生がいますが、はっきりいって無意味です。あれこれ持っていっても、どうせそのすべてを復習するなんてことはできないのですから。

問題集については、お気に入りの問題集をお守りとして1冊だけ持参することをおすすめします。

最も愛着のある1冊を持っていきましょう。そのおかげで驚くほどリラックスできます。また持参する問題集を1冊に絞ることで、本試験会場に向かう電車の中やお昼の休憩時間などを利用して、集中的・効率的に復習することもできるわけです。

【鉄則3　わからない問題は適当に答えて次へ進め】

あなたがどんなに勉強したところで本試験の問題の中には必ずといっていいほど「何これ!?」という問題、つまり難問・奇問がいくつか含まれています。そのような問題に出会った場合には、とりあえずめぼしい選択肢を選んだうえで、次へ次へと問題を進めましょう。もしさっぱりわからなければ、最後の手です。鉛筆を転がして選んでも構いません。というのも択一式試験の場合、適当に選択肢を選んでも20%の確率で正解するわけです。難問・奇問で悩むだけ時間の無駄です。わからないものは、時間をかけたところで結局わからないものなのです。

そんなことよりも、本試験での一番の敵は「時間」です。各科目の時間配分を最優先に考えてください。「時間が足りなくて、結局最後まで解けなかった……」これだけはやめてください。

なお、解答に自信のなかった問題については、試験時間が余った場合に見直しをしやすいよう問題用紙に印や折り目などを付けておくこともポイントです。

【鉄則4 休憩時間は孤独に過ごせ】

これはなぜかというと、受験仲間などの友達と仲良く過ごすことで精神不安に陥るリスクがあるからです。友達とランチを食べていると想像してみてください。試験の出来不出来はあなただけではなく、その友達も気になっていることでしょう。

そこでついついあなたは自分の出来が芳しくなかった科目について、友達や知り合いの受験生に出来加減（感想など）を聞くわけです。つまり、試験の出来具合いを探るわけですね。

「ねえ、ねえ、あの問題。すごく難しかったよね。あなたは解けた？」

「え⁉ 私はわかったけど！ もしかしてあなたはできなかったの？」

こうなるともう、午後からのモチベーションは下がります。つまり、精神不安に陥るわけです。これは最悪な状態です。

不要なストレスやプレッシャーを受けるくらいなら、たった1日ぐらい孤独にランチタイムを過ごしてもいいのではないでしょうか。

【鉄則5　休憩時間もフル活用】

ランチはほどほどに済ませて、午後からの第2ラウンドに向けて時間がある限り勉強しましょう。

ランチタイムですから休憩したい気持ちもわかりますが、数時間後には社労士試験という闘いが終わるわけですから、それを楽しみにあともう少し勉強しましょう。何を勉強するのか？　そのために最も愛着のある1冊（問題集）を持って来ているのです。

【鉄則6　3秒待って各科目に突入】

これは択一式試験に臨む場合の注意点です。労働基準法、労働安全衛生法、労働者災害補償保険法など、順々に各科目へ突入する前に、3秒（～5秒程度）ぐらい待って、つまり、ひと呼吸おいて、少し頭の切り替え（次の科目への切り替え）をしてから問題に臨んで欲しいということです。

なぜ頭の切り替えが必要なのかというと、その理由は、本試験ということで、緊張感や疲労感があなたの頭にのしかかり、読解力などの問題処理能力が低下している可能性があるからです。

各科目へ入るごとに3秒（〜5秒程度）の時間を頭のリフレッシュのために使う。これは時間を無駄にしているのではありません。

むしろ択一式試験70問という長期戦で考えれば、読解力を低下させることもなく、結果的には時間削減効果を十分に期待できるはずです。

【鉄則7　最後まで粘れ！】

受験生の中には、問題処理スピードが非常に速い方がいます。そのような方はかなりの時間を残して問題を解き終えることでしょう。もしもあなたがそうであれば、次のことを約束してください。それは時間が余っても「最後まで粘れ」ということです。

たとえ、試験時間を残して問題を解き終えてもフィニッシュすることなく、試験終了の合図がある最後の1分、1秒まで回答の見直しをするべきです。自信のなかった問題などはここでもう一度正誤判断をして欲しいのです。

また、自信を持って解いた問題についても、時間のある限り同様に見直しをかけてください。人間は完璧ではなく、ケアレスミスをする生き物なのです。私も十分見直しをした

本試験当日の７つの鉄則

①朝、まず感謝しろ！

あなたの周りの協力があってこそ、今日を迎えられたはず

②お守りは１つにしろ！

お気に入りの問題集を１冊持っていけばいい

③わからない問題に時間をかけるな！

難問、奇問はあと回し！　基本問題こそ確実に解け！

④昼休みに仲間と話すな！

午前中の試験問題の話に触れない

⑤休み時間も活用しろ！

残り数時間の闘い。あとひと踏ん張り！

⑥3秒待って頭をリセット！

頭をリフレッシュさせて各科目に臨む

⑦最後まで粘れ！

ケアレスミスの見直しで1～2点は伸びる

つもりでしたが、1問ケアレスミスをした経験があります。たった1問ですが、その1問で泣いた受験生も大勢いたはずです。

もう1年受験生をするなんて、あなただったら嫌でしょう。この1年あなたはいろいろな我慢をして、頑張ってきたはずです。違いますか？

最後のひと踏ん張りです。後悔しないように最終最後の時間まで見直しをしましょう。最後まで粘る！　このことで1〜2点積み上げできる受験生は大勢いるはずです。

5 章

合格後をイメージして
モチベーションをキープ！

1 繁盛社労士のキーワード

3章7項「目的&習慣は勉強時間に勝る」でもお話ししましたが、社労士に合格したいのであれば、目的を持つことは非常に大切です。

あなたはなぜ受験するのですか？　なぜ合格したいのですか？　受験して合格を勝ち取り、何をしたいのですか？　そして、あなたはどのような社労士になりたいのですか？　なりたい社労士像を少し思い描いてください。いかがですか？　イメージできますか？

本章では、合格後をイメージしてモチベーションをキープしてもらうために、**独立開業して成功している、いわゆる繁盛社労士のケースを紹介**したいと思います。合格後、即独立開業したいと考えている受験生のみならず、独立開業に関心のある受験生にも必読の内容です。

現在私は、経営コンサルティング会社である株式会社船井総合研究所の社労士事務所経営研究会という業績アップに前向きな社労士が集まる研究会に会員として参画しています。この研究会では、業績をバンバン上げている全国の社労士事務所の成功事例を共有することができ、実に多くのノウハウを学んでいます。

そこで、受験生の皆さんには少し先の話になるとは思いますが、合格後をイメージしてモチベーションをキープしてもらうために、繁盛社労士になるためのキーワードをご紹介します。それらのキーワードを組み合わせてあなたがなりたい社労士像、つまり合格後をイメージする材料にしてもらいたいと思います。

一口に社労士事務所といっても、所長だけの一人事務所、スタッフを雇い出した3~5人程度の事務所、組織化段階の10人程度の事務所、支店展開している数十人の事務所など、その規模はまちまちです。

規模は違えど、繁盛している要因、キーワードには共通項があるようです。ここで最近、急成長している繁盛社労士のキーワードをまとめてみます。集客方法、ターゲット選定、商品・サービス構成、組織という切り口です。各カテゴリーを詳しく説明します。

2 繁盛社労士の集客方法

名刺型ホームページはもういらない

私が開業した平成15年当時ならともかく、今ではホームページを持っていない社労士のほうがめずらしいかもしれません。しかし、そのほとんどはサイト名が事務所名だったり、代表社労士のプロフィールや業務内容などがただ載っている事務所案内的な、いわゆる名刺型ホームページだと思います。

名刺型のホームページもないよりはあったほうがいいのかもしれませんが、名刺型ホームページでは仕事を獲ることはできません。

名刺型のホームページを閲覧してくるユーザーの検索キーワードは、「事務所名」が大半でしょうから、そのユーザーの属性は事務所名をすでに知っているユーザー、つまり知人・友人がほとんどです。あなたはその知人・友人から仕事を獲ることができますか？

もしも獲れるのであれば、それは**そもそもホームページがなくても獲れたわけで、名刺型**

のホームページがあったから仕事が獲れたわけではないと思います。

名刺型のホームページは、事務所の「信頼性」を高める効果はあると思いますが、繁盛社労士になるために必ずしも必須ではありません。むしろ、特化型のホームページを持つことのほうが、その何十倍も重要です。

特化型ホームページを持つ重要性

特化型ホームページとは、**業種や業務を絞り込み、それに特化した内容を掲載しているホームページ**のことです。

例えば、介護に特化したホームページや助成金に特化したホームページなどがそれに該当します。助成金専門のホームページなどは、社労士が携わる各種助成金に関して圧倒的な情報量を掲載しています。

圧倒的な情報量をホームページに掲載することで、そのホームページを**閲覧したユーザーから「その道の専門家」と認識される**可能性が高まります。

「その道の専門家」と認識される。ウェブの世界ではこれが重要なのです。実は、ウェブで検索するユーザーは、特段、**社労士を探しているわけではありません。抱えている課題や問題を解決できる方法や、その専門家を探している**のです。

極端な話、その専門家が社労士かどうかはユーザーにとっては関心事ではありません。解決できるかどうかに関心があるのです。

だからこそ、その道の専門家、あるいはプロと評価してもらえるようなホームページが必要なのです。

大切なことなので繰り返します。仕事を依頼しようとしているユーザーは、社労士を探しているのではなく、抱えている課題や問題を解決してくれるその道の専門家を探しているのです。そのことを理解して、ユーザー目線に立ったホームページを作成する。これは繁盛社労士が実践している基本的なことです。

3 繁盛社労士のターゲット選定

ターゲットを絞るとノウハウを蓄積しやすい

ターゲットとは、**狙うべきお客様の層**のことです。いわゆる客層のことです。この客層を明確化できていない社労士がいかに多いことでしょう。それでは繁盛社労士にはなれません。

客層が違えば、求められるニーズも異なります。一見すると、同じようなニーズに思えても、その詳細は異なります。お客様によって業種や規模が異なるわけですから、抱えている課題も異なるのが通常です。それが同じように思えているのであれば、ヒアリング力が足りない証なのです。

例えば、業種を絞り込むことでその業界が抱えている課題も把握しやすくなるでしょう。そして、それらの課題を解決していくうちにその**業界特有の課題を解決する能力が高まります。**業種を絞り込むことで、**その業界の課題解決ノウハウが蓄積**されます。

「でもノウハウなんて、そう簡単に蓄積できるの?」と、少し不安になるかもしれませんね。でも大丈夫です。会社が違っても同じ業界であれば、抱えている課題も意外と共通化されており、同じような悩みがあるものです。それが業界特有の課題なのです。

そして、それらの課題はある程度パターン化（事例化）することができます。そのパターンを押さえて、解決していくことで課題解決のノウハウ化が加速します。業界に特化することで、比較的短時間で課題解決のノウハウを蓄積することが可能になるわけです。

「あの業界なら、○○社労士に聞こう」と他の社労士からも称されるようになれば、立派な繁盛社労士になっていることでしょう。

狙いたい業界

ターゲットを絞りましょうというお話を先ほどしました。では、どの業界に絞ればいいのでしょうか？

ターゲットとしてこの業界はダメで、あの業界なら成功するという絶対的な法則はもちろんありませんが、現在、繁盛社労士がターゲットにしている業界は似ている傾向があるので、その業界のいくつかを紹介します。それを3つあげるとすると、医療・介護業界、美容業界、運送業界です。

繁盛社労士は、なぜそれらの業界を狙うのか、気になりますよね。

そこで医療・介護業界、美容業界、運送業界を狙う理由を少しまとめてみました。

【医療・介護業界を狙う理由】

医療業界は、特に**新規開業医院**が狙い目となります。なぜなら、労務管理ニーズが高いからです。

新規開業医院の場合、資金繰りを考えると、開業当初から人件費のかかる事務長を雇用するケースはほとんどないため（仮に雇用しようとするものなら、融資元の金融機関が間違いなく反対するでしょう）、事務回りの手続きニーズが発生します。労務管理に関する事務長代行サービスの提案が可能です。

また、新規開業医院の場合、他の新規開業業種に比べて融資されやすいなど比較的資金に余裕があるので、**業務をアウトソーシングして外注費を支払うことへのストレスが少ない**というメリットもあります。つまり、顧問化しやすいターゲットといえます。

では、介護業界はいかがでしょうか？　介護業界は、いうまでもなく日本の成長産業の筆頭株ですね。介護を必要とする人口も増加傾向です。ビジネスチャンスが転がっている業界ですから、業界内の競争環境は激化するでしょうが、介護ビジネスの担い手となる介護事業者数はもっともっと増えることでしょう。我々社労士にとっても、そこにビジネスチャンスが転がっているわけです。介護業界を狙う社労士は、今後ますます増えることが予想されます。

ところで今回、医療業界と介護業界をひとつのくくり（項目）として紹介しました。実は、それには理由があります。それは双方の業界ともに共通の悩みがあるからです。その悩みとはいったい何でしょうか？

答えは、**人材難**です。

求人を出しても人が集まらない。せっかく入社（入職）させてもすぐに辞めてしまい、なかなか定着しない。いわゆる「看護師不足」や「介護人材不足」というものです。

この人材難を少しでも解決できる手段・手法があれば、例えばそれが看護師不足を解決するものであっても、おそらく介護人材不足を解決することにも転用することができるでしょう。すべてではないにしても、ある程度労務管理のノウハウを共通化することができそうな業界です。狙い目の業界ですね。

【美容業界を狙う理由】

美容室は全国に約20万店以上存在するといわれており、理容室まで含めると、その数は軽く30万店以上にもなりますから、数の大きさ、つまりターゲット数の多いことが狙うひとつの理由となります。

せっかくターゲットを絞り込んでも、あまりにもターゲット数が少なければ、社労士としてサービスを提案できる先も少なくなり、当然ながら事業としては成立しません。マーケティング上ターゲットを絞り込むことは重要なことですが、市場規模は大きいに越したことはありません。

しかし、美容業界を狙う理由はそれだけではありません。美容業界を狙うもうひとつの理由、それは**労務リスクが高い業界**だからです。

美容業界は、**未払い賃金が日常的に発生している可能性が高い業界**です。労使関係は、師弟関係の色合いがいまだに強く、就労時間が長い勤務体制が日常化しています。美容師は技術職であり、給与体系としては熟練度合いに応じた技術手当が付いているケースが多く、残業計算の際のベースとなる時給単価が高くなる傾向があります。

実は、そのことに美容室のオーナーは気付いていないことが多いのです。ただでさえ、就労時間が長いわけですから、当然残業手当が発生します。でも、残業手当を支払っている美容室は一部の大手を除き、そもそもほとんどありません。また仮に支払っていても、残業時の時給単価の算出が低く、支払うべき残業手当に不足金額が生じている、つまり未払い賃金が常態化しているわけです。

潜在的な労務リスクが極めて高い。これが美容業界の特徴です。労働時間の管理や総額人件費のコントロールを前提とした中での、残業手当を固定的に支給する固定残業制の導入といった給与体系の見直しなど、社労士としてお役に立てる余地が、この業界にはかなりたくさんあるということです。

【運送業界を狙う理由】

1つ目は美容業界同様、**潜在的な労務リスクが極めて高く**、労働時間の管理や給与体系の見直しなど、社労士として関与する余地が、運送業界にもかなりあることです。

そして、2つ目は運送業界を専門にやりたいという社労士が少ないことです。社労士が敬遠する業界、それが運送業界なのです。

なぜ敬遠するのでしょうか。答えは簡単です。

多くの社労士は、**運送業界の労務管理は難しいと思っているから**です。

私の場合、社労士としての顧問先第1号が運送業だったせいもあるかもしれませんが、運送業界の労務管理＝難しいというイメージはありません。ただ実際には、私の周りの社労士を見ても、運送業はできれば避けたいようです。

美容業と比べて、運送業のほうが労災の発生リスクは高いでしょうが、労務管理の課題としてはよく似ている業界です。社労士の業務難度として、美容業が簡単で、運送業が難しいという理屈もありません。運送業を避けるのではなく、積極的に関与していくことで社労士としても熟練します。他の社労士がやりたがらないわけですから、**多少の熟練でも運送業専門社労士として認知されるかも**しれません。人がやりたがらないことにビジネスチャンスがあるのです。運送業自体は、景気のいい話はあまり耳にすることはありませんが、社労士としてはこの業界にビジネスチャンスがあるように思えてなりません。

4 繁盛社労士の商品・サービス構成

ここでは、繁盛社労士が特に力を入れて提供している商品・サービスについてご紹介したいと思います。

助成金

助成金バブルはもう過去の話という社労士もいるようですが、いえいえ、とんでもありません。

まだまだ助成金で顧問先をガンガン獲得している社労士がいます。助成金は第3の資金調達手段ともいわれ、返済不要であるので事業主・会社受けがとてもいいです。また**助成金は申請主義ですので、「知らなきゃ損」ということで、事業主へ助成金情報を提供するだけでも喜ばれます。**

集客方法は、もちろんホームページ。「○○県助成金サポートセンター」とか、「△△県助成金相談センター」などの名称で社労士がホームページを立ち上げて集客しています。着手金0円。成功報酬15%～20%が主流です。完全成功報酬型のビジネスモデルですね。

ヤフーやグーグルの検索キーワードなどに広告を出稿(アドワーズ広告など)して、お問合せメールや相談会へ集客、そして受任というパターンです。

社労士が取り扱う厚生労働省関連の助成金も数多く、そのすべてを対象にする全方位型の助成金ビジネスは大規模社労士事務所ならともかく、スタッフ数が1～3人程度のごく普通の社労士事務所では対応に限界があると思います。そこで、**取り扱う助成金の絞り込み**が必要になります。

そのような中、最近は人材を育成するための**教育系の助成金**をPRしている社労士が増えています。教育系の助成金に関心のある会社は、社員の人材育成にも積極的だと思いますので、前向きな経営者と知り合うチャンスができます。そのため社労士が狙うべき客層としても最適といえます。

社会保険料削減

社会保険料の適正化ともいいますが、助成金同様、資金繰りに直接影響するものなので、サービス提案をすると事業主の反応はいいです。その内容としては、**昇給月を変更したり、**

標準報酬の報酬月額の「幅」を活用したり、退職金制度や給与体系などを見直したりすることで、会社全体の社会保険料を削減していくというものです。社会保険に加入している従業員が多い会社であれば、削減効果も高くなります。

ただ、ひとつ気を付けたいポイントがあります。

社会保険は税金ではありません。税金であれば、合法である限り節税をすればいいと思います。しかし社会保険の場合、社会保険料の削減を際限なく進めるというのはいかがなものかと思います。社会保険料を削減すれば保険料の負担が減りますので、従業員も会社もハッピーなのかもしれません。

でもよく考えてみてください。受験生であるあなたならおわかりかと思いますが、社会保険は税金とは異なり、負担と給付が表裏一体の関係にあります。負担が減ると、将来の給付も減ります。何も給付は年金だけではありません。健康保険の傷病手当金や出産手当金などにも影響します。

社会保険料削減は、負担と給付という社会保険の本質を忘れることなく、従業員と会社、労使双方の合意形成を図りつつ、取り組みを進めてもらいたいと思います。

採用支援

採用支援とは、文字通り会社の採用業務をサポートするサービスで、例えば次ページのようなサポート内容があります。

採用支援を手がけるメリットは、労務管理サイクルの川上（入口）に関与できることにあります。

ちなみに労務管理サイクルとは、人材募集から、採用、配置・昇進、教育訓練、休職、退職までに至る一連の流れのことですが、採用支援はまさにそのサイクルの川上（募集・採用）に当たります。川上を押さえることでその後のマーケティングが有利に働くのです。

つまり、労務管理サイクルに関連するその他のサービスも提案しやすくなり、事業領域の拡大が見込めます。マーケティング戦略上、川上を押さえることは極めて重要なことなのです。

採用支援サービスのサポート例

サポート内容

- 求人票作成支援＆ハローワークへの求人申込み
- 面接会場の手配
- 有料求人媒体の助言＆広告内容の添削
- 求職者電話受付代行＆採用選考管理
- 採用適性検査（適性検査＋能力検査）
- 医院説明会、採用面接のプランニング
- 採用面接の同席・代行＆採否助言
- 応募書類の返却＆採否通知作業の代行
- 新人スタッフの受入支援（スタッフ研修）

※このサポート内容は、著者の会社が医療機関向けに提供している「採用支援サービス」の一例です

ゼロ円・低価格顧問

ネット社会の影響か、最近はお客様も事前に各社労士のホームページを見比べ、価格比較されているケースが増えています。社労士側もそれを意識しているのか、**フロントエンド商品として低価格帯のサービス（顧問）を投入して、顧客数を増やしているケース**も出てきています。

低価格商品ですから、サービス内容は標準化されて限定的なものになるでしょうが、いきなり顧問契約を提案するよりも、お客様から見た場合に契約に対するストレスが軽減されて、敷居も低くなり、取っ掛かりをつくりやすいといえるでしょう。

よくある低価格顧問は、ニュースレターの提供、助成金診断、弁護士・税理士などの各種専門家の紹介、ビジネス書式集の提供、電話・メール相談などをパッケージ化したものです。月額3000円~5000円前後で料金設定しているケースが多いと思います。あくまでも低価格顧問を提供する目的は、継続取引による顧客関係深化（客単価アップ）にあります。

その意味では、今後は低価格顧問以上のサービス、つまり、ゼロ円顧問サービスも台頭

フロントエンド商品でお客様を呼ぶ

フロントエンド商品がない場合

社労士
敷居が
高いなあ
顧問契約
見込顧客

いきなり顧問契約では敷居が高すぎる！
（契約に対して高ストレス）

その結果

契約できない

フロントエンド商品がある場合

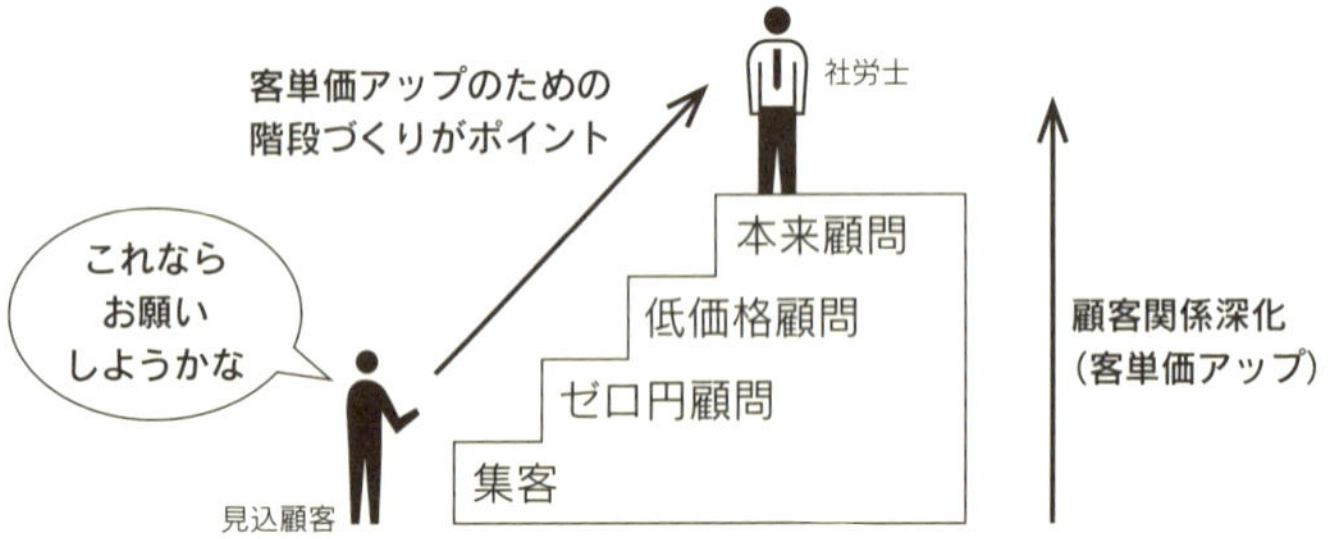
客単価アップのための
階段づくりがポイント
社労士
本来顧問
低価格顧問
ゼロ円顧問
集客
これなら
お願い
しようかな
見込顧客
顧客関係深化
（客単価アップ）

顧客にとって敷居の低い階段を準備することで、
関係を深めながら客単価をアップできる

してくるかもしれません。会社リストなどマーケティング情報の収集、顧客数のアップが目的であるならば、十分考えられます。

繁盛社労士は商品・サービス構成にこれらのフロントエンド商品を組み込み、手続きや給与計算、対面での労務相談、就業規則作成などバックエンド商品となる本来業務にリンクさせるための仕掛け、マーケティングを展開しているのです。

低価格顧問など、フロントエンド商品を開発して商品・サービス構成に組み込む、これが繁盛社労士の視点です。

障害年金

国民年金法や厚生年金保険法の中で勉強した「障害年金」。この手続き申請を依頼者本人に代わって社労士が代行することがありますが、最近の障害年金申請サポートの過熱状況を見ると、まさにバブルです。知人の社労士数名もここ最近障害年金に取り組みはじめました。障害年金バブルといってもいいでしょう。

障害年金申請サポートも、助成金同様に成功報酬型で受任するパターンです。支給決定された場合に年金額の2ヶ月分程度を報酬としているケースが多いようです。

集客は新聞広告やミニコミ誌で告知することもありますが、やはりメインはホームページです。

なお、ホームページ経由の場合、**相談者の障害内容の傾向としては、精神疾患系の相談が多い**ようです。障害年金申請サポートは、最近では開業間もない若手社労士が取り組む事例もよく耳にします。障害年金は専門性の高い分野ですが、専門特化することで比較的短時間に業務レベルは熟練します。その意味では、意外と取り組みやすい業務分野なのかもしれません。

5 繁盛社労士の組織

例えば、医療の世界でも個人経営の診療所・医院か、ある程度の規模で経営している病院か、大資本で高度先進的な設備を備えている大病院かなど、規模・組織には様々あるように、社労士の世界でも所長だけの一人事務所から数名の事務所、そして数十名から中には数百名規模の事務所まで、その規模・組織体制はまちまちです。

所長だけの個人事務所でも繁盛していることもありますし、もちろん大規模事務所を展開して繁盛している社労士もたくさんいるわけです。**繁盛事務所になるための組織体にその正解の形はない**と思います。ただ、目指すべき組織体に応じた**繁盛事務所のつくり方には違いがある**ように思います。

職人志向の社労士事務所

これは、今までの士業の典型例です。経営に興味があるというよりは、仕事そのものに興味・意欲があり、お客様のためによい仕事をしようと心掛けている社労士事務所です。

所長自身が「自分が、自分が」と前面に出て営業も行ない、自らサービスも提供するスタイルです。

このスタイルの場合、**キーワードはブランディング**になります。所長である社労士自身のブランド力をいかに高めるかがポイントです。ブランド力を高め、提供するサービスの付加価値を高めることです。

提供するサービスの特徴としては、手続き業務よりは3号業務のコンサルティング業務や相談業務がメインになります。手続き業務の場合、それ単体ではなかなか高付加価値を提供することが難しいので、必然的にコンサルティングメインの事務所になるわけです。

職人志向の社労士事務所の場合には、自身の認知度を高めて、ブランディングを確立することが、繁盛社労士へのキーワードです。最近、社労士が書籍を出版するケースも多く、書籍の出版はブランディングには極めて効果的ですから、職人志向の社労士事務所を目指す場合にはかなり強力な武器になります。

経営者志向の社労士事務所

職人志向の社労士事務所は仕事そのものを通じてお客様に貢献していくことを考えていますが、**経営者志向の社労士事務所は、お客様に貢献するためにはどのような仕事をしていくべきかを考えている**ものです。

お客様にもっともっと喜んでいただく、そのために売上を増加させ、それを担う雇用の拡大、そして利益・内部留保の確保を念頭に置いているものです。所長の社労士には、中小企業の一員としての経営者マインドが必要になり、事業拡大路線を展開することになります。

そのためには、所長社労士の個人的なブランド力は必要ありません。個人のブランディングではなく、**組織・事務所としてのブランディング**が必要になります。

所長社労士個人の能力に依存した商品・サービスではなく、事務所として提供することができる商品・サービスが必要になります。例えばコンサルティングであれば、オリジナリティ溢れる独自性の高いものではなく、**パッケージ化&標準化されたもの**が求められます。事務所のスタッフなら誰でも扱えるような商品・サービスでなければ、事務所として提供していることにはなりません。
商品・サービスの提供コンセプトは、**「安価」「安全」「安定」の3つがポイント**。提供価格は安く、高度な情報セキュリティなど安全面、安心面を向上させ、常に安定供給できる体制を構築することが繁盛社労士への近道だと思います。

繁盛社労士の組織について、士業従来型の職人志向の社労士事務所と中小企業の一員としての経営者志向の社労士事務所とを比較してみましたが、繁盛社労士を目指すうえでどちらが正でどちらが誤というわけではありません。繁盛している大病院も多いでしょうが、繁盛している診療所や医院があることもまた事実です。所長である社労士のスタイルに違いがあるだけなのです。**どちらの繁盛社労士を目指すのか、すべてはあなた次第なのです。**

さて本章では、合格後をイメージしてモチベーションをキープしてもらうために、合格後、即独立開業したいと考えている受験生や独立開業に関心のある受験生に向けて、社労士業で成功しているその成功要因やキーワード、現場最前線の事例を提供させてもらいました。
合格後のイメージはつかめましたか？　モチベーションをキープできそうですか？　**「社**

繁盛社労士のキーワード

集客方法	名刺型ホームページは不要 特化型ホームページが必要
ターゲット選定	医療・介護業界、美容業界、運送業界が今、おすすめ
商品・サービス構成	助成金、社会保険料削減、採用支援、 ゼロ円・低価格顧問、障害年金
組 織	職人志向：ブランド路線→専門分野の書籍化 経営者志向：事業拡大路線→スタッフの戦力化、 商品・サービスの標準化やパッケージ化

労士の世界ってワクワクする」と思ってもらえたのであれば、私はとてもうれしいです。

ぜひ、合格後のイメージをしっかりと抱き、本試験本番の日、試験開始のベルが鳴り、そしてその終了の時を告げるまでモチベーションをキープしてください。

あなたより、ほんの少しだけ早く合格した先輩より、最後にエールを贈ります。

「諦めるな！」

おわりに

本書を最後までお読みいただき、ありがとうございました。

平成25年5月、私は本編を書き終えて、エピローグを執筆しているところです。この時期、5月は各団体の総会シーズンで、総会&総会のオンパレードです。

皆さんが目指されている社労士も同様です。つい先日、私が所属している滋賀県社会保険労務士会湖西支部の平成25年度通常総会が開催されました。今年は2年に1度の役員改選期でもあります。支部会員の投票により、引き続き幹事を仰せつかることとなりました。前期同様、今後2年間は副支部長として支部運営に携わることになりました。

平成15年9月に独立して早10年。まだまだ若手と思っていたら、もう10年。社労士会入会順別の支部会員名簿を見る機会がありましたが、真ん中よりも上位に自分の氏名が記載されていました。知らない間に、若手から中堅になっていたようです。

開業してからのこの10年間を振り返ると、お客様からたくさんの「ありがとう」をいただけたりもしましたが、数々の失敗をしてきたこともまた事実。10年一節ともいいますが、開業社労士として何とか10年間やってくることができました。ありがたいですし、この10年間、とっても楽しかったです。

今、皆さんも社労士になりたいように、私もどうしようもないくらい、それはもう社労士になりたくて、なりたくて仕方がありませんでした。そして社労士になれたのです。自分から求めた道ですから、後悔するはずもありませんし、そもそもそれ以上に「社労士」って本当に面白く、やりがいのある職業だと思います。

昨年、所属している経営研究会（株式会社船井総合研究所・社労士事務所経営研究会）から表彰をいただくこともできました。

独立してからというもの、表彰する側に立つことはあっても、される側に立つことは皆無だったので、とてもうれしかったです。事務所のスタッフにも喜んでもらえました。社労士として今後も歩みを止めることなく、新たな取り組みにチャレンジしていきたいと思います。

私の親しい友人も、つい5ヶ月前から新たな取り組みにチャレンジしています。序章でも登場した一度は社労士受験を諦めた彼です。当時彼は「受験勉強へのやる気が続かなかった」として、一度は社労士受験を諦めました。しかし、社労士への想いは捨て切れなかったのです。

それはそうでしょう。合格まではいかなくとも、もう何年も受験勉強をしていたわけですから、そうなかなか捨て切れるものではありません。

平成21年、彼は一念発起して受験勉強を再開しました。そして、平成22年の試験でついに合格を勝ち取ったのです。

当時、彼に本書の原形となる「社労士試験一発合格への21の大戦略」という私が製作した小冊子をプレゼントしたことを思い出します。私と同じ平成14年には合格することはできませんでしたが、その後合格を果たして今年の1月に京都駅前社会保険労務士事務所を開設しました。彼は、障害年金専門の社労士として、素晴らしいスタートダッシュを見せてくれました。開業してまだ5ヶ月程度ですが、すでに月間30件の相談を受けるほどに活躍しています。

合格や開業は私のほうが少し早いですが、受験へのモチベーションをキープする本書のような書籍が当時世に出ていれば、彼も私と同時期に合格していたに違いありません。

一旦は挫折したものの、勉強を再スタートし、モチベーションをキープして復活を果たした彼に敬意を表します。京都駅前社会保険労務士事務所の所長・船田光朗先生、おめでとうございます！　これから、同じ社労士として切磋琢磨していきましょう。

さて、『モチベーションをキープして合格を勝ち取る！「社労士試験」勉強法』、いかがでしたか？

プロローグでもご紹介しましたが、社労士試験合格のキーワードは「モチベーションをキープする」ことなのです。モチベーションが合格を左右する！　これは経験則から見出した真実です。

あなたの社労士受験に対するモチベーションのキープに本書が少しでもお役に立てたのであれば、これほどうれしいことはありません。

平成14年の本試験合格発表日である「同年11月15日」が、私にとって決して忘れることのできない日であるように、次回の本試験合格発表日があなたにとって忘れられない日となることを祈念してやみません。

今回執筆するにあたり、出版にチャレンジするように背中を押していただいた『ズボラでも大丈夫！　書き込み式　一生役立つ　お金のキホン』（日本経済新聞出版社）の著者であるＦＰの前野彩さん、執筆機会をくださった同文舘出版さんはじめ編集・校正に尽力してくださった担当編集者の津川雅代さん、この場を借りましてお礼申し上げます。

また、弊社の事務所スタッフの協力なくして、今回の執筆活動を進めることはできませんでした。私が執筆活動をするかたわら、事務所をやりくりしてくれたスタッフにも感謝の気持ちで一杯です。

最後にスタッフであり妻でもある千佳へ、仕事・家事・育児と多忙な中、執筆時間確保のために惜しみない協力を本当にありがとう！　私は幸せ者です！

平成25年8月

牧　伸英

著者略歴

牧　伸英（まき のぶひで）

e一人事株式会社代表取締役　ぜぜ社労士事務所代表
特定社会保険労務士、採用面接コンサルタント、滋賀県社会保険労務士会湖西支部副支部長、日本FP協会滋賀支部副支部長、滋賀県中小企業家同友会理事（2013年8月現在）。
大学を卒業後、フクビ化学工業(株)に入社し営業職に従事。その後、京セラコミュニケーションシステム(株)にて「アメーバ経営」の経営コンサルタントを経験。退職後、人事コンサルティング会社を経て独立開業。
採用面接コンサルタントとして、採用選考プロセスの設計、適性検査の導入、オリジナル採用基準の構築支援、面接官の育成、採用面接への同席＆採否の助言、内定者フォローまで展開している。最近では高校・大学への就活支援も手掛けている。

e一人事株式会社　ぜぜ社労士事務所
ホームページ　http://www.e-jinjibu.jp

本書は平成25年4月現在の法律に基づいて作成しております。

モチベーションをキープして合格を勝ち取る！
「社労士試験」勉強法

平成25年9月6日　初版発行

著　者 ―― 牧　伸英

発行者 ―― 中島治久

発行所 ―― 同文舘出版株式会社
東京都千代田区神田神保町1-41　〒101-0051
電話　営業03(3294)1801　編集03(3294)1802
振替00100-8-42935　http://www.dobunkan.co.jp

ISBN978-4-495-52451-7
印刷／製本：三美印刷
Printed in Japan 2013